DIEU N'EST PAS SÉRIEUX

Illustrations de Roger T. NACOULMA

© L'Harmattan, 1999
5-7, rue de l'École-Polytechnique
   75005 Paris – France

L'Harmattan, Inc.
55, rue Saint-Jacques, Montréal (Qc)
Canada H2Y 1K9

L'Harmattan, Italia s.r.l.
Via Bava 37
10124 Torino

DAMIBA François-Xavier

DIEU N'EST PAS SÉRIEUX

Préface de
Monseigneur Jean-Baptiste TIENDREBEOGO

L'Harmattan
5-7, rue de l'École Polytechnique
75005 Paris - FRANCE

L'Harmattan Inc.
55, rue Saint-Jacques
Montréal (Qc) - CANADA H2Y 1K9

PRÉFACE

Cher lecteur, chère lectrice,
Des histoires drôles, vous en connaissez certainement. Il y a celles qui provoquent le rire, le rire doux comme le miel, tendre comme la cuisse du poulet, bon et piquant comme le piment jaune, parfois amer comme la bile. Il y a celles qui font naître simplement le sourire, le sourire heureux, le sourire béat, ou même le sourire gêné.

Mais au fait, d'où viennent ces histoires drôles et comment se transmettent-elles de village en village, et de génération en génération ? Personne n'a jamais été capable de répondre à cette question. On ne sait pas pourquoi non plus, autour du canari de *dolo*[1], ou de la table à manger, dans un groupe, dans une communauté, ce sont toujours les mêmes qui connaissent et détiennent l'art et le secret de raconter les histoires, toutes les histoires, la première et la dernière. Doit-on pour autant leur en attribuer la paternité ? Car même à ceux-là, il arrive souvent de puiser dans un fonds commun de choses vues ou entendues, quitte à y ajouter leur petit grain de sel personnel.

Le présent livre vous offre un recueil de petites histoires drôles. Le titre nous en dit long. L'auteur ? L'abbé François-Xavier Damiba, un jeune professeur au grand séminaire de Koumi. Des histoires, il en connaît, de toutes les tailles, de toutes les couleurs, de toutes les saveurs. Il vous les raconte toutes avec la même truculence, celles qu'on découvre subtiles et celles qu'on

---

[1] Bière de mil.

prendrait pour des banalités. A toute situation de la vie, François-Xavier sait apporter ce coup de pouce, ce supplément de paradoxe qui provoquent l'étincelle. Alors on rit, heureux de découvrir dans l'inextricable magma de la vie quotidienne quelque chose dont on ne soupçonnait pas l'existence. Une vérité ? Mieux, une invisible présence, source de bonheur.

Il nous semble qu'une seule et même conviction parcourt toutes les pages de ce recueil : l'Invisible est toujours prêt à devenir visible. Il suffit d'éduquer notre regard pour découvrir avec émerveillement à la suite de Jacob que "Dieu est dans ce lieu et je ne le savais pas" (Gn 28, 16). Seulement ce lieu de surgissement ne se laisse jamais circonscrire dans nos limites humaines. Il est ici et ailleurs, partout et nulle part. C'est à croire que l'invisible joue à cache-cache. Dieu n'est pas sérieux.

Dieu n'est pas sérieux. Et si c'était nous qui n'étions pas sérieux parce que nous nous prenons trop au sérieux, nous cramponnant farouchement sur des positions fixes. De fait notre vision se voit nécessairement réduite ou enfermée sur elle-même. Pour éduquer notre regard, François-Xavier nous fait prendre du recul. Il nous propulse hors de nos habitudes, de notre manière de concevoir Dieu et les choses de la religion. Il le fait avec l'ingénuité ou l'insolence de l'enfant qui dit parfois des évidences inconvenantes que tout le monde cache ou refuse de voir. On secoue la tête un peu gêné, on rit, on finit par changer de regard en se disant : après tout ...

Très probablement, il arrive à François-Xavier devant son auditoire de dire des choses qu'il ignorait savoir ou de s'étonner par moment de ses propres inventions. "Est-ce moi qui ai raconté cela ?" En vérité non. Cela a germé "entre nous" dans une tacite connivence entre lui et son auditoire comme autrefois dans nos traditions, lorsque les histoires n'étaient pas encore recueillies sur du papier glacé ou froidement stockées dans la mémoire des ordinateurs.

Autrefois le conteur qui racontait son histoire avait pour feuille blanche les yeux, les oreilles, la bouche, le silence de son auditoire. Sentait-il par moment une lassitude dans l'assistance, percevait-il un signe d'insatisfaction, il raturait aussitôt, corrigeait, cherchait la formule exacte pour ranimer la flamme des yeux. En revanche un rire, un sourire, un soupir l'incitait à raffiner, à pousser plus haut l'émotion, l'exaltation ou la crainte.

Ainsi furent écrites les petites histoires, non par l'obstination ou le talent d'un auteur solitaire, mais par l'échange, la circulation de vie de bouche à oreille entre le prédicateur, l'enseignant et son auditoire. Elles sont l'oeuvre d'une parole fécondante et d'une oreille-matrice, façon de dire qu'elles sont enfants d'une communauté d'amour, de foi et d'espérance. Plus que ses propres inventions, François-Xavier nous invite à partager l'expérience intime de la vie d'une communauté, d'un peuple. Alors cher lecteur, chère lectrice, prenez et lisez, faites circuler la parole de bouche à oreille de coeur à coeur. Que votre bouche s'emplisse de rire et vos lèvres de chansons (cf. Ps 125).

Ouagadougou, le 4 octobre 1995.
Jean-Baptiste TIENDREBEOGO
Evêque auxiliaire de Ouagadougou

INTRODUCTION

Bonsoir ! Je n'ai pas besoin de vous présenter Dieu. Tout le monde le connaît ou a déjà entendu parler de lui, souvent en bien, du reste. D'ailleurs, quand il aura la parole tout à l'heure, il pourra aisément le faire lui-même car il a l'âge.

Ce que je voudrais plutôt faire, c'est vous présenter le livre. Je l'ai écrit, ou plutôt, je l'ai trouvé suite aux suggestions répétées d'amis et de grands séminaristes tout au long de mes séjours à Koumi et ailleurs : "Ecoute, tu devrais rassembler les petites histoires que tu nous racontes en classe et à l'église et les publier pour que d'autres puissent en profiter !" Je n'avais jamais pensé, pour ma part, que de tels propos, inventés pour les besoins de la prédication, de l'enseignement, de l'accompagnement spirituel et parfois tout simplement pour agrémenter la conversation, que de telles bondieuseries pouvaient ainsi un jour intéresser un milieu plus large que les quatre murs d'un séminaire ou les horizons d'une paroisse de brousse. J'ai alors consacré les vacances dernières à les trier puis à les mettre en ordre... et le livre était trouvé !

J'en ai retenu cent pour commencer, en totalité forgés de toutes pièces comme je viens de le dire, à l'exception de l'un ou l'autre qui est un mythe du terroir ou un arrangement de mythe. La source de mon inspiration, ce sont surtout mes convictions religieuses et humaines que j'essaie inlassablement de couler dans le mythe et sa structure. Quelques intuitions sont nées de proverbes, de contes, d'interdits, d'histoires vécues, d'observations, de lectures diverses, d'entretiens ou de rencontres. Mais toujours ma préoccupation a été de laisser la pensée ouverte, d'où l'importance donnée aux titres qui, pour la plupart, suggèrent sans contraindre l'esprit, du moins je l'espère.

Je voudrais maintenant, en terminant ces lignes introductives, remercier Monseigneur Jean-Baptiste TIENDREBEOGO, évêque auxiliaire de Ouagadougou pour son concours combien précieux. Merci également aux nombreux frères et soeurs qui m'ont aidé et encouragé d'une manière ou d'une autre.

Il me faudrait aussi remercier Dieu, mais il prendrait cela pour un jeu car Dieu est un enfant qui aime jouer et tourner tout en jeu. C'est d'ailleurs pour cela que je me suis permis d'écrire qu'il n'était pas sérieux. C'est un ami que j'ai eu quand je n'étais pas plus haut qu'un muret, mais alors quel drôle d'ami ! Jamais guindé, braqué comme une lampe-torche quand on lui raconte des histoires, aimant rire et faire rire, bref, un gars qui prend quelquefois les autres au sérieux mais ne se prend jamais lui-même au sérieux comme les grandes personnes. Je me contenterai donc pour le moment de lui laisser tout simplement la parole. Vous verrez vous-même de quoi il est capable !

Koumi, 15 janvier 1995.

1 – DIEU-JUSTICE
OU
LA JUSTICE DE DIEU SELON LE LIÈVRE

Autrefois, les animaux obtinrent de la viande et s'adressèrent au Lièvre pour qu'il fasse le partage. Le Lièvre leur demanda :
– Voulez-vous que je procède à la manière de Dieu ou à la manière des hommes ?
Et tous, comme un seul homme, de répondre :
– A la manière de Dieu, oui, à la manière de Dieu !

Le Lièvre leva les yeux vers le ciel comme pour s'excuser auprès du Très-Haut puis commença. Il donna une part au sanglier, cinq parts à l'éléphant, sept parts au lion, rien à l'iguane, un os au chien, trois parts à l'hippopotame, un quart de part au singe, un tendon à l'âne, rien à la tortue, un sabot au bouc, un semblant de part au hérisson, puis recommença, ajoutant aux mêmes et privant les mêmes : une nouvelle part au sanglier, sept autres parts à l'éléphant, sept parts au lion, rien à la tortue, etc. ...

Des voix s'élevèrent alors dans l'assemblée pour protester, qui pour réclamer son dû, qui pour dire qu'il avait été lésé et que de toute manière ce partage était des plus injustes qui soit. Le Lièvre se frotta alors les mains et répondit :

– Ne m'avez-vous pas demandé de faire le partage à la manière de Dieu et non à la manière des hommes ? Les hommes cherchent la justesse, l'égalité, Dieu, au contraire, cherche la justice, ce qui convient.

Et, ce disant, il tendit une nouvelle part au sanglier, sept autres à l'éléphant et au lion, rien à l'iguane et ainsi de suite, à la joie des uns et à la grande fureur des autres.

2 – L'HOMME QUI CHERCHAIT DIEU

Un homme s'était assigné la sainte tâche de chercher Dieu. Il rencontra des crapauds qui lui dirent :
– Si c'est Dieu que tu cherches, tu l'as trouvé, c'est nous !
– Vous rigolez, fit l'homme, tout en continuant son chemin !
Son voisin qui revenait des champs l'interpella :
– Tu cherches toujours Dieu ? Pourquoi te donner tant de peine ? Reviens au village, je suis ce que tu cherches.
Le chercheur lui répondit, avec l'air de gens qui ne se connaissent que trop :
– Surtout pas toi !
Il se dirigeait maintenant vers une haute montagne quand des lianes lui saisirent le pied :
– Tu passes trop vite. Tu as failli ne pas voir ce que pourtant tu cherches si nous ne t'avions saisi le pied. Arrête-toi, ce que tu quêtes avec avidité, c'est nous !
L'homme coupa les lianes dans son énervement et les jeta au bord du chemin en disant :
– Vous avez fini de retarder les voyageurs ?
Il continua sa recherche et repoussa ainsi tour à tour la montagne, la forêt et le désert. Où pouvait-il maintenant trouver Dieu ? Il l'a cherché chez les animaux et chez les hommes sans le trouver, il l'a cherché sur les terres arides et les terrains boisés, il l'a même cherché sur les hauteurs et dans la prière sans le trouver. Alors, découragé, il décida de mettre fin à ses pérégrinations et de retourner chez lui. Mais quand il se pencha au-dessus d'un puits pour se ravitailler en eau, il aperçut tout au

fond son propre reflet, et croyant voir Dieu, il s'écria de toutes ses forces :
— D I E U !
L'écho lui répondit :
— EU ... EU ... EU ... EU ... ...
L'homme eut comme une illumination et se mit à comprendre le message de l'écho :
— Dieu, c'est un peu EUX ..., tous ceux-là que j'ai croisés sur mon chemin, EUX, les crapauds, EUX, le voisin et la montagne, EUX, le désert et la forêt, EUX, EUX, EUX ...
Il retourna chez lui et cessa de chercher Dieu ailleurs que partout.

3 – LE TROISIÈME OEIL

Quand Dieu créa l'homme, il lui donna deux yeux pour apercevoir et un oeil pour voir. Les yeux pour apercevoir, il les plaça de part et d'autre des fosses nasales, dans des orbites. L'oeil pour voir, il le plaça dans un trou, au sommet de la tête. Quand il pleuvait, l'eau stagnait dans le trou et empêchait l'oeil de voir. Dieu enleva l'oeil pour voir et reboucha le trou avec un os en forme de feuille. C'est le reste de ce trou que nous apercevons au sommet de la tête des bébés et des vieillards. Il alla le placer plus bas, à l'opposé du menton. Mais voilà, quand l'homme s'adossait à son mur pour manger son maïs, l'oeil pour voir ne voyait plus. Pire, quand il tombait à la renverse, l'oeil s'emplissait de cailloux, changeait de couleur et se déformait chaque fois un peu plus. Dieu enleva l'oeil pour voir et reboucha l'endroit avec un os en forme de cailloux. C'est cette proéminence au milieu des pentes de la tête qui est devenue la nuque.

Finalement Dieu résolut de cacher l'oeil pour voir au fond de l'homme, dans son coeur. Depuis ce jour, l'homme aperçoit les objets avec les yeux du visage mais il ne peut vraiment les voir qu'avec l'oeil du coeur. Depuis ce jour aussi, le trou qui, le premier, abrita l'oeil pour voir ne cesse d'exprimer sa nostalgie mais aussi son inquiétude en des pulsations répétées : "Viens ! Reste ! Viens ! Reste !"

Quand la nostalgie devient incoercible, l'ancien trou se soulève dans un grand "Viens !" et l'oeil fait son passage pour rejoindre Celui qui l'avait façonné et placé dans le coeur pour voir.

4 – LA SOLLICITUDE DIVINE SELON LES BOZO

Au commencement, Dieu créa un homme d'argile qui joua sous la pluie malgré l'interdiction du Créateur. Aussitôt il se désagrégea et disparut dans la rivière.

Il en fit ensuite un de cire auquel il interdit de sortir au soleil, mais le malheureux refusa de rester à l'ombre et fondit.

Il en fit un troisième de pierre qui se baigna malgré les avertissements répétés de son protecteur et coula. Dieu dit alors :

– Je veux un homme qui surnage à l'eau et qui ne fond pas au soleil.

Il alla dormir trois jours et trois nuits. Quand il se réveilla, il créa un homme qui survécut car il était en bois.

5 – L'ORIGINE DE LA PEUR

Après que Dieu eût créé l'homme, il vint l'inviter à connaître chez lui. "Bon !", dit l'homme, et il prit son vélo. Dieu se proposa de monter devant pour tenir le guidon et montrer le chemin. L'homme y consentit et se contenta de trôner par derrière pour pédaler.

L'homme remarqua que Dieu ne freinait jamais : ni quand ils allaient contre un caillou, ni quand ils prenaient un virage, ni même quand ils dévalaient une pente dangereuse. L'homme prit peur, en conclut que Dieu ne savait pas aller à vélo et demanda à prendre le guidon lui-même. Dieu passa à la seconde place pour pédaler. Dès que l'homme saisit le guidon, il saisit aussi les freins.

Voilà pourquoi les descendants de l'homme ont du mal aujourd'hui à arriver chez Dieu. Ils imitent leur père, ils marchent sur le frein.

6 – AIDER DIEU OU LA SPIRITUALITÉ DE LA CANEPETIÈRE

Un jour, Bakargo la canepetière fut prise dans un piège. Elle commença à crier : "Dieu, Dieu, Dieu !" tout en s'ébattant. Le corbeau vint à passer et lui dit :
– Chère amie, je me sens incapable de te délivrer de ce fer qui t'enserre les pattes, mais j'ai néanmoins un conseil à te donner : De deux choses l'une. Ou tu as confiance en Dieu ou tu n'as pas confiance en lui. Si tu as confiance en lui, il te délivrera et alors, il est inutile de t'ébattre. Si tu n'as pas confiance en lui, continue de t'ébattre, mais cesse de l'appeler.

Bakargo lui répondit :
– Celui qui aide Dieu à le délivrer vaut mieux que celui qui attend passivement le secours de Dieu. Celui qui aide Dieu vaut mieux que celui qui regarde Dieu.

A peine avait-elle fini de parler qu'elle vit arriver en toute hâte le Créateur de tous les êtres, sans doute alerté par le bruit de ses efforts. Vite, il la tira du piège de l'homme.

7 – LE JEU À CACHE-CACHE

A l'origine, Dieu et l'homme vivaient ensemble. Ils jouaient souvent à cache-cache. L'homme se cachait derrière les buissons et les termitières et Dieu, derrière un coin de son soleil. La découverte se faisait toujours facilement et sans difficulté.

Un jour, l'homme se cacha dans l'obscurité. Dieu l'y cherche et se déboîte le gros orteil en butant contre un rocher. Effrayé, l'homme bouge et Dieu le découvre. L'Etre divin, mécontent, lui dit :
– Je vais me cacher et tu ne me trouveras pas.
L'homme lui répondit :
– Je te trouverai toujours.

Le lendemain, Dieu se transforma en trois formes humaines et se tint dans l'arrière-cour de l'homme. Celui-ci sortit pour le chercher et se dirigea tout droit vers l'astre solaire. Il ne le trouva pas. Il chercha sur les collines, dans les marécages et le creux des arbres. Pas de Dieu. Il revint fatigué et c'est alors qu'en regardant dans un coin de sa cour il aperçut trois formes identiques. C'était bien la forme, le teint, la figure et les traits de Dieu, mais en trois. Comment distinguer Dieu de ses imitations ? Il appelle, essaie de faire des grimaces mais en vain. Et comme l'homme connaissait le faible de Dieu - la miséricorde-, voilà ce qu'il fit :
– J'ai trop faim, dit-il, pour continuer à chercher ! Je vais cuire du haricot pour déjeuner, après, j'aurai plus de forces pour continuer à chercher.

Il rentre dans sa case, met le feu à son toit et se couche. Dès que Dieu voit monter les flammes, il croit que c'est la mort de l'homme et se détache des deux formes pour venir le sauver.
– Je savais que tu me chercherais, dit l'homme !
– Je savais que tu me trouverais, dit Dieu !

8 – LE VÉRITABLE MAÎTRE

Pataka, le plus grand Sage de la Yanyan, avant de mourir, voulut trouver un successeur parmi ses disciples. Pour cela, il consentit à les laisser sortir de la caverne qu'ils habitaient ensemble pour aller vivre un an dans la ville. Là, aux diverses questions que les citadins posaient sur la vie, l'amour et la mort, le premier disciple répondait toujours par ces mots :
– Le Maître a dit ... Comme pense le Maître... Ainsi que l'affirme le Maître ...
IL DONNAIT DES RÉPONSES.

Le second disciple, lui, ne répondait jamais aux questions par des mots mais par l'exemple de sa propre vie. IL ETAIT UNE RÉPONSE.

Quant au troisième disciple qui percevait tout comme une seule et même chose, il allait pieds nus, mendiait sa nourriture, mais ne restait jamais plus de trois minutes devant une porte et jamais plus de deux jours dans le même quartier. Il ne prenait qu'un seul repas par jour quand il ne jeûnait pas, buvait parfois de l'urine et mangeait des excréments pour se libérer de la peur et du dégoût et dans l'intention de mieux contrôler ses sens et ses désirs. Il ne possédait rien que le boubou qu'il portait et le crâne humain dans lequel il mangeait. Il se taisait plus qu'il ne parlait, méditait assis sur une tombe et gardait continuellement le visage tourné vers le ciel. Chacun dans la ville le connaissait et s'interrogeait sur le sens d'une telle existence. IL ETAIT UNE QUESTION et c'est bien à celui-ci que le Sage confia la noble tâche de continuer d'instruire les autres hommes, car il y voyait le véritable Maître.

9 – L'ORIGINE DU SOLEIL

Autrefois, c'était la nuit. Un homme alla chercher du bois pour se chauffer et rencontra la Joie. C'était une très belle fille qu'il voulut emporter, mais elle lui fit savoir qu'elle vivait avec l'Amour, son père, et que pour rien au monde elle ne partirait sans lui.

Lorsque la Joie et son père l'Amour arrivèrent au village du jeune homme, le Soleil se leva pour la première fois et ce fut le premier matin. Les villageois firent bon accueil aux deux hôtes mais bien vite, ils se lassèrent, non de la charmante Joie, mais de son père car il se montrait plutôt exigeant : il ne souffrait ni querelle, ni médisance et il ne fallait surtout pas parler de vol, de mensonge ou de meurtre en sa compagnie. On décida donc de l'enlever la nuit pendant le sommeil. Lorsque l'Amour quitta le village, le Soleil ne se leva plus. La Joie, constatant l'absence de son vénérable père, devint de plus en plus triste, tomba malade et mourut. Vite, on dépêcha le chercheur de bois pour qu'il aille porter la mauvaise nouvelle au Vieux Amour et qu'il le supplie de venir ressusciter sa fille.

Quand l'Amour arriva, la Joie bondit hors de sa case et avec elle la lumière du jour. Le jeune homme construisit un mur tout autour de sa maison pour protéger l'Amour et ne plus perdre la Joie et la clarté du Soleil. C'est depuis ce jour que les hommes jouissent de la clarté du Soleil et qu'ils élèvent des murs autour de leurs cases.

10 – M, COMME MYSTIQUE

Il était une fois, un saint homme qui vivait retiré dans une caverne. Sa vie se passait à contempler, à jeûner et à mendier. Un jour le fils unique d'une veuve mourut et elle vint lui demander de le ressusciter. Le saint homme se mit en prière.
– Cet enfant ne peut ressusciter, répond une Voix.
Le saint homme pria de nouveau.
– Cet enfant ne peut revenir à la vie, répond encore la Voix.
Le saint supplia avec insistance.
– Si tu pries encore, reprit la Voix, l'enfant ressuscitera mais tu seras à jamais privé de ta récompense au Ciel. Tu pries ?
Le saint homme pria, l'enfant ressuscita et les gens du village vinrent lui signifier qu'il avait été stupide en échangeant son bonheur futur contre la vie d'un pauvre petit handicapé qui, de surcroît, était frappé d'hébétement. Pour toute réponse, le dévot leur dit :
– Si j'aime mon semblable, qu'ai-je encore besoin d'un bonheur à venir ?

11 – UNE MERVEILLE QUI S'IGNORE

Namasi tombe d'un karité et se casse la jambe. Mécontent, il décide d'aller voir le Créateur pour se plaindre et demander d'être aussi fort que le karité. Mais l'arbre lui dit :
– Je ne suis pas le plus fort, car le vent me déracine.

Le vent protesta :
– Je ne suis pas le plus fort, car la montagne me barre le passage.

La montagne rétorqua :
– Ce n'est pas moi la plus forte, car le rat me perce les flancs.

Le rat nia :
– Je ne suis pas le plus fort, puisque le chat me tue.

Le chat entendant cela soupira et dit :
– Je ne suis pas le plus fort, car la corde m'attache.

La corde corrigea :
– Je ne suis pas la plus forte, puisque le fer me coupe.

Le fer objecta :
– Comment suis-je le plus fort, puisque le feu me fait fondre !

Le feu éclata en protestations :
– Je ne suis certes pas le plus fort, puisque l'eau m'éteint.

L'eau fit remarquer, le sourire en coin :
– Celui que vous cherchez n'est pas moi, car la pirogue me traverse.

La pirogue s'écria aussitôt :
– La plus forte, ce n'est pas moi, car le rocher me brise.

Le rocher manifesta son étonnement :
– Le plus fort, moi ? Jamais, puisque le crabe me creuse.

Le crabe, profondément attristé, rétorqua :
– Détrompez-vous, je ne suis pas le plus fort, car l'homme me pêche et me mange.

Dans le silence qui suivit les paroles du crustacé,
Namasi pensa :
L'arbre casse la jambe,
le vent déracine l'arbre,
la montagne arrête le vent,
le rat troue la montagne,
le chat attrape le rat,
la corde attache le chat,
le fer coupe la corde,
le feu fait fondre le fer,
l'eau éteint le feu,
la pirogue pourfend l'eau,
le rocher renverse la pirogue,
le crabe ronge le rocher,
mais L'HOMME attrape le crabe et le mange ! ...

Et il renonça à son projet.

12 – POURQUOI L'HOMME EST RESTÉ PETIT

Quand Dieu créa l'homme, il lui dit :
– Toute chose par-dessus laquelle tu sauteras, tu deviendras grand comme elle. Telle sera ta règle de croissance.

L'homme courut et sauta par-dessus le mur. Il devint grand comme le mur. Il courut de nouveau et sauta par-dessus la case. Il devint haut comme elle. Il courut encore et passa par-dessus le fromager. Sa taille atteignit celle du grand arbre. Mais un jour que Dieu passait, l'humain se dit :
– Je veux être grand comme Dieu !

Il prit son élan, courut, courut, courut et sauta de toutes ses forces. Il alla butter contre le genou de Dieu, tomba, et ses os s'enfoncèrent les uns dans les autres. Depuis ce jour, il a la petite taille que nous lui connaissons.

13 – LE BONHEUR DEDANS ET LE BONHEUR DES DENTS

Dieu apparut un jour à un mendiant et lui promit d'exaucer la première prière qu'il formulerait. Le mendiant dit sans attendre : "Vivre et mourir en riant". En effet, le pauvre homme passait son existence dans la misère et jamais de sa vie, il n'avait eu l'occasion de rire. Bien au contraire, il était chaque jour torturé par la faim, la maladie, la solitude et l'ennui. C'est ainsi que le rire avait fini par devenir pour lui comme une idée fixe, bien plus, le malheureux avait fini par le considérer comme le signe d'une vie réussie, la preuve du Bonheur. Dieu exauça donc sa demande et il se mit à rire pour la première fois de sa vie.

Des pillards qui passaient non loin de là l'entendirent et mirent la main sur lui. Ils l'obligèrent à continuer à rire, de peur qu'en pleurant, il n'en vienne à inquiéter les paysans ou les bergers alentour. Quand ils arrivèrent dans leur village, les pillards trouvèrent la population dans la tristesse. Une grande sécheresse s'était abattue sur la région et détruisait bêtes et cultures. Le seul remède pour qu'il plût, fut qu'une personne de sexe masculin acceptât de s'asseoir face à l'Orient dès que le moindre nuage se dirigerait vers là et qu'il entretînt l'horizon de ses rires bruyants. On assit l'étranger sur un tabouret face au Levant et il passa la saison à rire, sous l'oeil vigilant des gardes du village.

Au moment des récoltes, le fils héritier du chef tomba gravement malade. Tous les moyens furent mis en oeuvre pour le guérir : divination, remèdes, sacrifices, mais rien n'y fit. Au contraire, son mal allait s'aggravant. Un marabout vint à passer dans le village. On le consulta à propos du patient et il découvrit que seul le rire pouvait guérir l'enfant. On débaucha tout de suite le rieur de fortune de son poste oriental pour qu'il vint s'exercer auprès de l'enfant. Quand il riait, l'état du malade s'améliorait, mais dès qu'il arrêtait pour boire, manger, prendre un somme ou pour satisfaire quelque autre besoin naturel, la maladie empirait et l'enfant entrait illico dans le coma. On posta alors deux gaillards à ses côtés qui se relayèrent pour le chatouiller afin qu'il rît continuellement et que l'enfant pût échapper à la mort. Il rit, rit et rit. Il rit encore et encore et ce qui devait arriver arriva selon le voeu insensé de cet homme.

14 – DIEU ÉCOUTE TOUS SES ENFANTS

Un fou était entré dans une église. Il se dirige vers la statue de Saint Joseph avec sa gamelle. Une bouchée pour lui-même, une bouchée dans la bouche du Saint. Et comme la pâte retombait, il recommençait sans se décourager. Soudain, il entend du bruit et se retourne. Un autre fou était venu ramasser les pièces que les écoliers, par dévotion, déposaient habituellement aux pieds de la statue du Sacré-Coeur. Et comme il n'en trouvait pas, il piquait les yeux de la statue en criant :
– Donne l'argent, donne l'argent !
Le premier fou s'approcha et dit :
– Tais-toi, tu ne vois pas que je prie ?
Et l'autre de lui répondre :
– Tu ne vois pas que tu gênes ma prière ?

15 – L'ORIGINE DU SABBAT

Au commencement du monde, quand Dieu eut créé Adam, il lui fixa aussitôt un coeur. Seulement le coeur ne battait pas et était de capacité limitée. En effet, dans la journée, quand l'homme aimait la cueillette, la chasse et la musique de l'eau, il n'avait plus de place dans son coeur pour aimer autre chose. Il rentrait alors chez lui pour dormir car cela le fatiguait de voir les choses sans pouvoir les aimer.

Dieu pensa et pensa encore. Il pensa de nouveau. Il pensa le jour et il pensa la nuit puis un jour il se dit :
– Je vais lui faire un coeur autre. Un coeur capable de battre et qui soit illimité : un coeur capable d'aimer en même temps la biche, l'étoile, le caïman et le poisson, la colline, la viande et le scorpion, le feu, le margouillat, le baobab, la gueule-tapée et l'homme son semblable, un coeur capable d'aimer et le vent, et le vautour, et le singe, et les couleurs, et la douceur, et la saveur, et le crustacé, tout cela à la fois. Un coeur qui aime sans se remplir, un coeur qui m'aime partout et toujours, sans se fatiguer. Un coeur qui aime, qui aime, qui aime ...

C'est alors qu'il détacha la chair de sa pomme, la malaxa avec du latex d'hévéa et en fabriqua un coeur. Il attendit que Adam soit endormi puis, s'approchant en tapinois, il lui fixa le nouveau coeur. Il en profita pour lui créer une femme. Quand Adam s'éveilla, il aperçut Eve et aussitôt son coeur se mit à battre. Il courut alors chez

Dieu, tout à la fois ému et inquiet et s'écria comme plus jamais personne ne le fit après lui :
– Ça bat !
Et Dieu lui dit :
– Si ça bat, ça va !
Dieu vit que cela était bon. Il se reposa de toute l'oeuvre qu'il avait faite et nomma ce jour Sabbat.

16 – QUI AUGMENTE SA SCIENCE AUGMENTE SA DOULEUR

Il y avait, au temps jadis, un homme renommé pour sa sagesse. On venait de toute part le consulter pour connaître les secrets du mariage et de l'éducation, les techniques de la guerre et du gouvernement des villes, l'art de plaire aux anciens sans mécontenter les jeunes, toutes choses utiles pour mener sa vie dans un monde frais, fort et fertile. Il comprenait le langage du vent et du feu, il comprenait celui de l'eau, des animaux et même celui des astres, mais s'interdisait de l'enseigner, car il savait que toute vérité n'est pas bonne à dire. Pourtant, un jour, un menton imberbe vint le supplier :

– Enseigne-moi le secret qui permet de comprendre le langage des animaux.

– Tu es encore trop jeune répondit le vieillard, et de surcroît, ce secret ne t'apporterait que des malheurs.

Le jeune homme insista et insista encore, disant que c'était pour lui l'unique manière d'augmenter sa connaissance et qu'il n'en voudrait jamais au vieillard quoi qu'il advint. De guerre lasse, l'autre lui livra le secret et il s'en retourna chez lui avec la satisfaction d'un homme qui vient d'embrasser un idéal.

Un matin, il vit un coq monter sur le toit de sa case et chanter. Il comprit aussitôt ce qu'il disait : "L'enfant de l'homme qui dort sous ce toit va tomber de cheval et se casser le bras". Le lendemain, il mit le cheval au piquet, avec interdiction à son fils d'y approcher et évita ainsi l'accident. Quelques temps après, un âne se mit à braire à son passage. Il écouta et entendit : "La maison de cet homme brûlera demain". Quand il revint chez lui, il ramassa toutes les pierres à feu et les cacha dans le grenier puis, rassemblant son petit monde autour de lui, leur intima l'ordre d'éviter tout feu au jour indiqué. Le lendemain, il n'y eut point d'incendie. Une autre fois, ce fut un caméléon que le savant rencontra. A sa vue, l'animal changea de couleur et fit "Fititi, Fititi" et le savant comprit : "Tu as raison de te presser puisque tu vas mourir demain". L'homme changea de couleur lui aussi et devint sombre à l'idée que sa vie avait atteint son terme et, affolé, courut chercher secours chez le vieux Sage. Le Maître lui demanda :

– Ne t'avais-je pas prévenu que toute vérité n'est pas bonne à dire et que celui qui augmente sa science augmente sa douleur ? Je ne peux rien faire pour t'épargner cette peine.

Le jeune homme devenu savant rentra chez lui, la mort dans l'âme. Il refusa de manger et de boire, s'enferma dans sa case pour dormir, afin d'éviter la douleur et la mort. Au lever du jour, on entendit soudain un bruit fracassant dans la case du dormeur. La maisonnée accourut pour constater que dans son cauchemar il avait bousculé une marmite qui, en tombant avait mis fin à ses jours.

17 – LE MYTHE DE LA LIBERTÉ

Lorsque Dieu voulut créer l'homme, il alla en brousse pour chercher des idées. Il vit un rônier et dit :

– L'homme ne sera pas bâti sur le modèle du rônier, car il en existe qui peuvent produire et d'autres qui ne le peuvent pas.

Il aperçut ensuite un arbre à raisin et dit :

– Non, l'homme ne sera pas comme un raisinier : leur espèce comporte également des plantes productives et des plantes improductives.

Il écarta ainsi, systématiquement, de son patron des espèces aussi nobles que le gâakka, le prunier noabga, le papayer..., avec toujours le même argument : "Il ne faut pas seulement la liberté collective, il faut aussi la liberté individuelle !" Alors, quand il vit le baobab, il s'écria :

– Faisons l'homme baobab, faisons-le femelle, capable de fructifier et capable de refuser de fructifier, oui, il faut absolument la liberté individuelle.

Et s'adossant au géant de la forêt, il créa le premier homme et lui dit en le prenant par l'oreille :

– Fais ce que je veux !

18 – L'HOMME ET SES HABITUDES

Un homme décida un jour de changer de village pour fuir ses habitudes qui n'étaient autres que la Paresse, l'Envie et la Colère. Au moment d'entrer dans son nouveau village, un vautour qui passait par là laissa tomber quelque chose d'humide, de chaud et de puant sur son beau boubou. L'homme entra dans une grande colère et se rendit aussitôt compte que ses habitudes l'avaient suivi. Alors, à quoi bon rester dans ce village ?

Il décida de se rendre au désert, toujours dans l'intention d'échapper à ses habitudes. Là, il s'accorda d'abord de dormir pour se remettre de ses grandes fatigues. Il dormit et dormit tant que les termites en vinrent à bâtir leur habitation sur lui au point de le recouvrir entièrement sans qu'il s'en aperçoive. Des paysans vinrent un jour pour chasser des rats-voleurs qui avaient élu domicile dans la termitière. En creusant, l'un d'eux heurta un obstacle qu'il croyait être une racine. C'était le front du dormeur et il se réveilla. Désolé, il constata une fois encore que là aussi, ses habitudes lui tenaient toujours compagnie.

L'homme quitta alors la vie, croyant pouvoir leur échapper définitivement. Mais lorsqu'il arriva au séjour des morts, une jeune fille sortit à sa rencontre et il pensa : "Comme la compagnie de cette créature doit être agréable !" Il parlait encore quand deux autres se joignirent à la première pour marcher à sa rencontre. Lorsqu'elles furent près de lui, l'homme, dans un grand soupir, reconnut ses habitudes, c'est-à-dire l'Envie, la Paresse et la Colère. Elles l'avaient devancé dans l'au-delà.

19 – LA GRÂCE PORTE DES ÉPINES

Une femme avait un mari impossible : colérique, buveur, bagarreur, coureur, impie et toujours dehors. Tout le monde l'avait conseillé : amis, frères, tantes, et jusqu'au chef du village, mais rien n'y faisait. La femme pria alors Dieu qui, dans sa grande miséricorde, lui apparut et lui demanda de formuler une seule prière qu'il se ferait l'honneur d'exaucer. La femme demanda au Tout-Puissant d'accorder un bon esprit à son cher époux. La réalisation de la promesse ne se fit pas attendre car dès le lendemain l'homme devint sage comme une image : il ne buvait plus, ne gaspillait plus son argent avec les femmes et ne criait plus sur personne. Il était devenu le gardien fidèle de la maison, à la grande joie de sa femme et de son enfant. Bien plus, il fendait le bois pour sa femme, l'aidait à préparer le *dolo*, décortiquait volontiers les arachides pour la sauce, faisait la lessive et la vaisselle, bref, il était devenu le mari idéal des premiers jours des noces -au moins pour un temps- car après deux jours de cette vie idyllique, l'homme commença à manifester des signes inquiétants. Un matin, en effet, lorsque la femme vint dire bonjour au nouveau converti, elle reçut deux gifles bien arrosées qui l'envoyèrent choir sur un fagot de bois :
– Va-t-en, tu parles trop.
La femme s'en fut sans mot dire. Le lendemain, elle résolut de se taire et passa la journée sans ouvrir la bouche. Quand elle vint présenter le repas du soir, son époux lui demanda :
– Tu me boudes maintenant !

Et les coups de recommencer.

La pauvre femme ne savait plus que faire. "Je dis bonjour, je parle trop. Je me tais, je boude. Voici ce que je vais faire : désormais, je ne lui parlerai plus que par signe". Et c'est ce qu'elle fit. Mais cela n'empêcha point le cher mari de trouver à redire :
– Tu me prends maintenant pour un sourd. C'est parfait !
Et les mêmes scènes de ménage recommençaient au point que la brave femme en eut les clavicules rompues, ce qui la fit cesser son commerce de *dolo*.

Quand elle arriva chez Dieu à la fin de ses jours, elle ne cacha pas sa déception et manifesta à Dieu qu'il s'était joué d'elle en lui garantissant de donner un bon esprit à son mari. Dieu lui répondit :
– Femme, tu ne sais pas ce que tu dis. J'ai ramené ton mari à la maison et je l'ai fait asseoir pour partager les tâches domestiques avec toi, ce qu'aucun être humain n'était arrivé à lui faire faire. N'est-ce pas un bon esprit que j'ai mis en lui ?
– Et les coups, demanda la femme ?
– Oh, les coups ? C'est parce qu'avec ton *dolo*, tu devais devenir une femme très riche. Tu allais vouloir devenir plus riche encore en abandonnant l'obligation dominicale au profit de ce commerce. Dans le cours normal des choses, ta richesse devait susciter la jalousie des femmes du village dont une allait tuer votre unique fils par empoisonnement. Tu allais consulter le devin pour connaître la cause de ce décès et tu allais à ton tour chercher à nuire à cette "sorcière" qui te veut du mal. Ne vois-tu pas qu'en permettant à ton mari de te rompre les clavicules, j'ai mis fin à ce commerce qui devait t'entraîner dans le mal :
– la mort de ton enfant,
– la haine,

– le meurtre
– et le pire de tous, la perte de la foi ?
N'est-ce pas un bon esprit que je lui ai insufflé ?

20 – L'ORIGINE DE LA PLUIE

Un homme se retrouve sur la route de l'enfer après sa mort et se met à crier. Il crie et crie si fort que Dieu du ciel se demande ce qui se passe. Il envoie un de sa cour s'informer : c'est un homme qu'un ange traîne dans les cailloux pour le conduire en enfer où il refuse de se rendre.

Dieu le fait venir, il s'explique et demande à repartir sur terre pour recommencer sa vie parce qu'il ne veut pas vivre en enfer. Le Roi du ciel aurait bien voulu agréer sa demande n'eût été la Loi Eternelle qui veut que chaque homme ait une vie et une seule. Il consent cependant à lui accorder une chance : Jeter une pièce. Si elle tombe sur la face MISÉRICORDE, il va au ciel sinon, il voudra bien rejoindre la demeure des damnés. Dieu sort la pièce de son pantalon bouffant et la jette : face MISÉRICORDE !

Quant au ciel le pèlerin s'aperçut que la pièce de Dieu portait MISERICORDE aux deux faces, il se mit à pleurer de joie, à pleurer si fort que ses cris et ses larmes parvinrent jusqu'à Terre. Telle fut l'origine de la pluie. Le tonnerre et l'eau de pluie nous rappellent les larmes de joie de cet homme du temps jadis.

21 – LE VILLAGE DES NAINS ET DES GÉANTS

Dans les temps anciens, un chasseur qui poursuivait un singe le vit se diriger vers une grotte. Il réussit, non sans peine, à le capturer juste avant qu'il n'y pénètre, mais le singe tout en larmes le supplia :
– De grâce, ne me tue pas ! Si tu me laisses la vie sauve, je vais te dévoiler un mystère.
L'homme lui rendit la liberté et le singe lui dit de le suivre.

L'animal s'enfonça dans la grotte puis dans les profondeurs de la terre et amena l'homme dans son village, un lieu bien étrange. Dans ce village, il n'y avait que des nains et des géants. Chaque fois que l'un des habitants posait un acte d'amour, il poussait de quelques coudées vers le ciel, et chaque fois que c'était un acte de méchanceté, il descendait de quelques coudées vers le sol. Personne n'était jamais le même d'un jour à l'autre. Il y en avait qui montaient jusqu'au ciel, mais il y en avait aussi qui rapetissaient jusqu'au sol et parfois jusqu'à disparaître.

Et comme le visiteur humain ne comprenait rien de tous ces mystères, il prit son courage et demanda au Singe :
– Pourquoi dans ce village les hommes ne sont-ils pas tous égaux comme chez nous ?
– Si, reprit l'animal, ils sont égaux, mais ceux qui aiment le sont plus que les autres.

L'homme eut peur de la loi de fer de ce village et demanda à retourner chez lui.

22 – IL A INVENTÉ LA DOULEUR CAR ÉTERNEL EST SON AMOUR !

Au commencement du monde, il n'y avait ni douleur, ni maladie, ni mort. Ceux qui estimaient qu'ils avaient suffisamment vécu sur terre s'enfonçaient joyeusement sous terre où ils continuaient la vie auprès des Ancêtres.

Un jour, une femme, trouvant que son mari tardait à rentrer des champs, s'introduisit elle-même dans le grenier familial pour y puiser du mil. Les conséquences d'une telle violation ne se firent pas attendre : le grenier éclata et commença à pleurer. Les voisins vinrent voir. Dès qu'ils arrivent, ils sont affectés de douleur. Ils vont raconter l'événement à leurs voisins. Aussitôt qu'ils l'apprennent, la douleur les saisit et ils deviennent tristes. Et ainsi, de bouche à oreille, de part en part, la douleur fit son entrée dans le village et avec elle la mort.

Au fil des jours, les gens finirent par penser que la douleur était la cause de la mort et envoyèrent une délégation chez Dieu pour le supplier de la supprimer. Le Créateur ne fit aucune difficulté particulière et supprima la douleur de la vie des humains.

Quelques temps après, un gamin s'assit pour manger du fonio. Il mange et boit, mange encore et boit. Le fonio enfle dans son estomac. Comme il ne sent pas la douleur, il mange de nouveau et re-boit. Son ventre éclate et il meurt.

Le lendemain, une femme va en brousse pour couper du bois. Elle est mordue par un naja. Comme elle ne ressent aucune douleur, au retour elle ne dit rien à personne, ne prend aucun remède et continue à vaquer à ses occupations habituelles. A la fin de la journée, ses veines éclatent, son sang se met à couler comme une source et elle passe de vie à trépas. On l'enterre sans pleurs ni cri, ni aucune manifestation de tristesse.

Après cela, une épidémie de variole s'abat dans le village, une variole sans douleur. Insensible à la douleur, aucun ne se méfia de la maladie et l'on pensa à tout sauf à s'en protéger. Elle décima la génération des enfants et des adolescents.

En désespoir de cause, les hommes dépêchèrent de nouveau les plus vieux d'entre eux pour aller trouver Dieu et le supplier de leur rendre la douleur car elle est une alarme indispensable.

23 – LE PLAISIR DE DIEU

Un homme jouait au damier traditionnel avec Dieu. Au commencement de la partie, Dieu était toujours le plus fort mais, à la fin, c'est l'homme qui gagnait.

Au fil des jours, l'homme finit par se persuader que Dieu était un mauvais joueur et décida de changer de partenaire, mais pas avant de le lui signifier. Il dit :
– Tu n'es qu'un mauvais joueur, tu n'as jamais gagné une seule partie !
– Pas forcément, lui répondit Dieu, en lui montrant un tas de pions qu'il tenait caché sous sa couverture et dont il alimentait discrètement le jeu de l'homme quand celui-ci éclatait en gros rires.

L'homme avait enfin compris. Il secoua la tête et pensa : "Le plaisir de Dieu, c'est la victoire de l'homme !"

24 – LE SECRET POUR RESSUSCITER LES MORTS

Une femme avait le pouvoir de ressusciter les morts. Un jour, des cultivateurs la firent venir pour ressusciter une fillette. Arrivée, elle leur dit :
– Ressuscitez-la vous-mêmes !
Les villageois dirent :
– Comment ?
Elle leur dit :
– En répondant à une seule question : QU'EST-CE QUI EST LE PLUS PRÉCIEUX DANS L'HOMME ?
Les réponses fusaient de toute part :
– L'oeil, car la moindre poussière l'irrite.
– La tête, car elle est le chef du corps.
– La langue, car c'est elle qui tisse les mots et pétrit les aliments.
– L'âme, car elle seule survit après la mort.
– Le coeur, puisqu'il est le siège des sentiments.
– L'esprit, car sans lui l'homme ressemblerait à la bête.
– L'ho ... l'homme, dit le bègue.
Et l'enfant se réveilla. Mais comme personne ne comprit qu'il avait dit "L'HOMME", la fillette survécut mais le secret se perdit.

25 – L'ORIGINE DE LA CLOCHE

Dans les temps reculés, un homme lia amitié avec un esprit. Bien vite, ils devinrent familiers l'un à l'autre, puis l'homme demanda à connaître la demeure de son ami. L'esprit l'amena dans une clairière et disparut avec lui sous terre.

Ils traversèrent un premier village où chacun des habitants portait beaucoup d'yeux : les uns deux, les autres trois. Ces hommes et ces femmes pleuraient tous et regardaient dans la direction d'un autre village vers un personnage qu'ils ne voyaient jamais. L'homme eut peur et voulut rebrousser chemin, mais l'esprit le rassura.

Le second village était un palais au milieu duquel vivait un grand roi entouré d'une foule de borgnes. Sur la poitrine, le dos et les côtés du Roi poussaient des têtes humaines mais des têtes privées de l'organe de la vue. Tous, borgnes et aveugles regardaient le Roi et l'on riait toujours. L'homme tomba de peur et demanda de nouveau à retourner chez lui car c'en était trop, mais l'esprit lui dit :
– N'aie pas peur, ce n'est que la vie cachée des hommes.
– Et que signifient toutes ces choses, demanda le visiteur ?
L'esprit lui dit :
– Le premier village que tu as vu, c'est le Royaume des yeux, le Royaume de ceux qui ont vécu de vengeance durant leur vie terrestre. Ils ont rendu oeil pour oeil et

parfois deux yeux pour un oeil. Voilà pourquoi les uns ont deux yeux et les autres trois. Ils ont des yeux mais ne voient jamais le Roi, c'est pourquoi ils sont tristes.

Le second village, c'est le Royaume des Cieux. Les borgnes sont ceux qui se sont exercés à pardonner durant leur vie. Ils ont refusé de crever l'oeil du prochain quand il leur en crevait un. Alors ils sont devenus borgnes et le sont restés, mais ils vivent heureux car le mal n'est pas en eux.

Les têtes aveugles qui poussent de la poitrine et de-ci de-là du buste du grand Roi sont ceux qui, offensés, non seulement n'ont pas voulu rendre le mal mais se sont efforcés de rendre le bien pour le mal. On leur a arraché un oeil, ils en ont offert le second. Voilà pourquoi ils sont aveugles. Eux aussi vivent heureux car le mal n'est pas en eux.

Quand vint le moment de partir, l'homme demanda à l'esprit ce qu'il devait dire aux gens de chez lui. L'esprit lui répondit :
– Tout juste ceci :
Celui qui se venge s'éloigne de la maison de Dieu.
Celui qui pardonne se projette dans la maison de Dieu.
Mais celui qui rend le bien pour le mal se projette dans le coeur même de Dieu.

Le voyageur essaya de répéter ces paroles pour ne pas les oublier mais en vain, car il avait une mauvaise mémoire. L'esprit lui remit alors un objet enveloppé dans du coton.

Une fois chez lui, l'homme découvrit avec étonnement que c'était un fer creux, avec au milieu un battant. Quand il l'inclinait à droite, l'objet disait : "LE

ROYAUME DES CIEUX", et quand c'était à gauche il disait : "NON LE ROYAUME DES YEUX". Il le suspendit à la branche de son karité et lui fixa une corde pour le faire résonner. Et les gens vinrent nombreux pour écouter l'objet répéter inlassablement : "CHERCHEZ LE ROYAUME DES CIEUX, NON LE ROYAUME DES YEUX ! LE ROYAUME DES CIEUX, NON LE ROYAUME DES YEUX !" ...

Ce fut l'origine de la première cloche.

26 – DIEU-JUSTESSE
OU
LA JUSTICE DE DIEU SELON L'OREILLE

Autrefois, toutes les créatures de Dieu vivaient en bonne intelligence. Mais un jour, l'oreille entendit un bruit, l'oeil regarda là-bas et vit une biche, le pied courut et la main la prit.

Comme chacun revendiquait l'animal, arguant qu'il eût été impossible de l'attraper sans lui, on alla trouver le Moustique qui ne parvint point à mettre les frères d'accord.

Ils montèrent alors chez Dieu qui dépeça l'animal et remit une part égale à chacun. L'Oreille trouva cela injuste et partit en bougonnant. Et depuis, le Moustique essaie de lui parler pour la consoler mais la Main le chasse.

27 – L'HOMME QUI VOULAIT VOIR DIEU

Il était une fois un homme qui voulait voir Dieu. Pour cela il alla s'installer sur une haute montagne. Au bout d'une année, déçu de ne pas rencontrer Dieu, il fit ses bagages pour partir. La montagne lui demanda :
– Mes arbres ne te donnent-ils pas assez d'ombre ? Mes sources ne te procurent-elles pas assez d'eau ? Mes bêtes ne te restaurent-elles pas à souhait pour que tu désertes ainsi mon domaine ?
– Si, mais je cherche Dieu !
– Tu cherches Dieu ? Mais je suis un morceau de Dieu !

Mais l'homme n'écouta plus la montagne et s'en alla. Il s'en fut séjourner dans une forêt, toujours dans l'espoir de voir Dieu. Lorsqu'après une année d'attente vaine il décida de quitter les lieux, les géants de la forêt, c'est-à-dire les caïlcédrats, les fromagers, les baobabs et leurs cousins, vinrent le voir pour lui demander :
– Tu n'es pas heureux parmi nous ?
– Si, mais il me manque Dieu. Je veux voir Dieu.
– Si tel est ton souci, il faut rester avec nous. Nous te promettons de t'aider à voir ce que tu désires. D'ailleurs, regarde !

Ils lui indiquèrent un singe qui faisait la barre fixe à quelques pas de là et poursuivirent :
– Voici un morceau de Dieu ! Nous sommes tous des morceaux de Dieu !

L'homme pieux pensa qu'on se payait sa tête et s'éloigna sans mot dire mais avec la ferme conviction que tout dans cette forêt pouvait être un morceau de Dieu sauf ce babouin.

Le voyageur, toujours dans sa quête de Dieu, alla maintenant séjourner au bord de l'eau. Dès que le crapaud l'aperçut, il lui dit :
– Ce que tu cherches, tu l'as enfin trouvé. Viens, je suis un morceau de Dieu !
– Toi, un vulgaire batracien, un morceau de Dieu ! Tu rigoles ?!
Et le pèlerin ne resta pas plus longtemps dans les zones aquatiques. L'inquiétude et la déception commençaient à ronger son coeur : Il a cherché Dieu dans les hauteurs, il ne l'a pas trouvé. Il l'a cherché dans les bois, il ne s'est pas montré. Il a voulu le voir au bord des eaux, il est resté caché ! Il pensa alors à le chercher au désert, loin de toute région habitée, sur les terres de feu.

Là il rencontra un soufi qui lui demanda :
– Que cherches-tu, cher homme ?
– Je cherche Dieu, répondit le voyageur, je veux voir Dieu !
– Amène-moi un récipient rempli de lumière, lui dit le Sage et je te ferai voir Dieu.
Le chercheur de Dieu repartit vers le Sud et après bien des péripéties, revint avec un plat de terre et dit :
– Père, voici un récipient rempli de lumière.
Le saint homme protesta :
– Je vois un plat mais je ne vois pas la lumière !
Le pèlerin, embarrassé, chercha une braise, la posa dans le plat et s'exclama :
– Voici maintenant un récipient rempli de lumière !
Le soufi protesta de nouveau et dit :
– Je vois la braise et le plat mais je ne vois pas la lumière.

Le quêteur de Dieu reprit la route du Sud et après de longs mois de réflexion et de consultation, revint avec une bouteille transparente pour dire :

– Maître, voici enfin un récipient rempli de lumière !

Et le Sage, toujours imperturbable :

– Je vois la bouteille mais je ne vois toujours pas la lumière !

A ces mots, le pèlerin eut alors comme une illumination... Il avait enfin compris, et depuis ce jour cessa de chercher Dieu comme il le faisait, car Dieu est comme la lumière :

On ne voit pas la lumière,
on voit des objets éclairés.
On ne voit pas Dieu,
on voit des objets irradiés, " déifiés ".

28 – DIEU A UN FAIBLE POUR CEUX QUI PARDONNENT

Un homme avait été méchant toute sa vie : vol, meurtre, calomnie, mensonge, haine, jalousie, viol, tout cela faisait partie du lot quotidien de ses exploits.

Quand il mourut, il prit naturellement le chemin de l'enfer, conscient de sa vie de bâton de chaise, mais en chemin, il se souvint d'une chose : la seule fois où il avait mis le nez à l'église de sa commune, le prêtre qui officiait disait :
– Pardonnez,
pardonnez !
Dieu a un faible pour ceux qui pardonnent !

L'homme se souvint alors qu'il avait pardonné une fois, une seule fois dans sa vie, mais ne savait plus ni où, ni à qui. Il se dit :
– Je vais tout de même aller voir au Ciel !
Mais aussitôt, il se fit à lui-même cette objection :
– Arrivé, je vais dire : "J'ai pardonné à quelqu'un dans ma vie". On va me demander : "A qui ?" et je serai incapable de répondre. Toute la Cour céleste croira que je mens, et ce sera un nouveau chef d'accusation !

Après beaucoup d'hésitations, il se décida tout de même à aller voir. On dit que Dieu lui remit la récompense promise à ceux qui pardonnent à leurs frères et le garda auprès de lui.

29 – QUE SIGNIFIE VIVRE ?
OU
L'ORIGINE DES PREMIERS MÉTIERS

Quand Dieu créa le premier homme et la première femme, il leur dit : "VIVEZ !" Et du doigt, il leur indiqua un village où vivre.

En cours de route, ils eurent des doutes et se demandèrent : "Que signifie vivre ?" Ils voulaient retourner chez Dieu pour le lui demander, mais il pleuvait et neuf rivières les séparaient de la maison de Dieu. Ils virent alors une graine qui poussait au bord de la route et lui demandèrent :
– Que signifie vivre ?
– Transformer la boue, répondit la graine.
– Vivre c'est transformer la boue ?
– Oui, la boue que tu es et la boue que tu touches, un peu comme moi je transforme
la boue en sève,
la sève en plante,
la plante en fleur et
la fleur en fruit.
Et mourir c'est être transformé par la boue.

Arrivés dans leur village, l'homme et la femme se mirent à transformer leur milieu environnant, l'homme en faisant des poteries et la femme en cultivant des plantes, oubliant qu'ils sont eux-mêmes de la boue. Ce fut l'origine des premiers métiers.

30 – LA TOUTE-PUISSANCE DE DIEU
OU
POURQUOI LA GUÊPE-MAÇONNE
A UNE TAILLE FINE

Au commencement du monde, la Guêpe eut l'idée de devenir agriculteur plutôt que de passer son temps à faire du tam-tam au-dessus de la tête des gens. Elle alla inviter le Maïs à venir pousser dans son champ. Celui-ci accepta, car il était seul en ce temps-là et voyait là une occasion en or pour perpétuer sa famille. Il lui demanda toutefois de n'en rien dire à la Poule. La Guêpe-Maçonne accepta et partit. En route, elle éprouva quelque contrariété car elle entendait bien inviter son amie la Poule à défricher le champ.
– Que va penser ma très chère amie si elle apprenait que j'ai convié à une séance de labour à son insu ? Non, il faut qu'elle soit de la partie.
Elle alla donc convier la Poule qui accepta de participer au travail à condition que le Chat ne soit pas là. La Guêpe-Maçonne acquiesça mais pensa en elle-même :
– Cultiver un champ à deux, nous n'y arriverons jamais !
Et elle alla inviter le Chat qui se dépêcha de donner son accord en prenant soin de démontrer combien le Chien serait dangereux dans une assemblée comme celle-là : "il cherche toujours querelle aux autres et il mange trop !"
– Mais, pensa la Guêpe-Maçonne, ce champ ne sera jamais terminé avant la nuit si nous ne sommes que trois !
Et elle alla trouver le Chien.

– Bien, dit le Chien, mais prends garde d'amener le Lion !

La Guêpe-Maçonne le voulait bien mais ne voyait pas comment se passer du Lion dans une telle circonstance : N'est-il pas le roi de la brousse ? N'est-il pas le plus fort ? Alors, elle lui confia son intention de défricher son champ, à quoi le géant carnivore promit son concours après s'être assuré que le Chasseur n'y mettrait pas les pieds. L'insecte le tranquillisa et se rendit tout de suite après chez le Chasseur.

– Bonne affaire, dit le Chasseur ! Je serai là avec les autres mais de grâce, n'invite pas le Diable.

Le Diable fut lui aussi invité car la Guêpe-Maçonne ne voyait pas comment obtenir un grand champ sans le concours de tout ce monde. Mais la condition du Diable était formelle et il passa le temps de la rencontre à répéter la même doléance :

– De grâce, pas de Dieu, pas de Dieu, pas de Dieu !

Mais la Guêpe pouvait-elle laisser dans l'ombre le Créateur de toute chose à cette assemblée inter-ethnique et multiraciale ? Et puis, n'est-ce pas vrai que plus on est de fous, plus on rit ? Elle monta alors chez Dieu qui promit d'y aller.

Quand arriva le jour de la culture, la Guêpe-Maçonne resta longuement à la maison pour donner des consignes à ses femmes, afin que repas et rafraîchissement soient de taille et convenables pour tous. Les cultivateurs ne firent du champ qu'une bouchée. Le propriétaire n'arrivait toujours pas. Les invités étaient fatigués d'attendre sous un soleil cuisant et chacun commença à chercher de quoi apaiser sa faim.

– La Poule saisit le Maïs et l'avala.
– Le Chat bondit sur la Poule et la décapita.
– Le Chien rattrapa le Chat et lui donna la mort.
– Le Lion se précipita sur le Chien et le mit en pièces.
– Le Chasseur arma son fusil et abattit le Lion.

– Le Diable courut après l'Homme et lui fit un sort.
– Dieu empoigna le Diable et le fit disparaître.

Quand la Guêpe arriva sur le lieu du travail, elle ne trouva que Dieu seul au milieu d'un carnage effroyable. Prise de remords, elle se mit à se frapper la taille et à jeûner. C'est depuis ce temps que la Guêpe-Maçonne a la taille fine que nous lui connaissons et qu'elle a renoncé à la culture des champs pour s'adonner à la maçonnerie.

31 – LES CHEMINS VERS DIEU

Quand le curé de la paroisse mourut, il prit naturellement la route du ciel, mais s'aperçut bien vite qu'il y en avait trois :
– Le chemin qui passe par le village des actions,
– le chemin qui passe par le village des prières
– le chemin qui passe par le village des prières et des actions.

Etant donné son humilité, il crut bon de prendre le chemin qui passe par le village des prières. A l'orée de ce village, il rencontra un portier qui n'était nul autre que l'archange Michel. Et comme il insistait pour passer, l'ange lui dit :

– Je suppose que vous êtes un homme normal, Monsieur. Ici, c'est la porte réservée aux cas spéciaux : aux fous, aux idiots et aux bébés. Passez plutôt par les autres portes, s'il vous plaît !

32 – QU'EST-CE QUE LA RELIGION ?

Un jeu où Dieu fait l'homme
et l'homme la bête !
Rectificatif :
Un jeu où Dieu fait l'homme
et l'homme l'embête !

33 – LA SPIRITUALITÉ DU PETIT SCARABÉE

Tout le monde sait que quand le scarabée travaille à faire sa boulette de bouse, il interrompt souvent sa besogne comme pour se reposer et qu'il vous l'abandonne lorsqu'il vous rencontre, mais tout le monde ne sait pas pourquoi. Voici :

Un homme qui voyageait un jour aperçut un petit scarabée affairé avec une bouse de vache. L'homme le salua mais le scarabée n'entendit pas, tellement il était affairé. L'homme insista. Le scarabée finit par l'entendre et répondit. L'homme resta là à l'observer et remarqua que de temps en temps l'animal faisait le tour de la bouse en disant : "Encore, encore !"
– Vous parlez seul, demanda le passant ?
– Non je ne parle pas seul, reprit le scarabée, je prie.
– Et pourquoi n'attendez-vous pas un moment où vous aurez moins de travail pour vous acquitter de ce pieux devoir, puisque manifestement, vous avez fort à faire et que le jour est déjà à son couchant ?
– Je préfère maintenant car si tu ne pries pas quand tu n'as pas le temps, quand tu auras le temps, tu ne prieras pas.

L'homme n'ajouta plus rien. Il trouva seulement ce scarabée assez spécial et continua son chemin. De retour de son voyage, il tomba de nouveau sur le même scarabée mais cette fois en train de rouler sa boulette de bouse.
– Bonjour, lui dit l'homme.
– Bonjour, répondit le bousier.

Et l'homme le plaisanta en ces termes :
- Quand vous serez grand, vous me donnerez une grosse boulette pour fumer mon champ, n'est-ce pas ?
Le scarabée lui répondit :
- Tiens, je te laisse celle-là.
- Non, je vous en prie, protesta l'homme, quand vous en aurez davantage.
- Non, insista l'animal, si tu ne donnes pas quand tu as peu, quand tu auras beaucoup tu ne donneras pas ...
Puis il s'envola.

34 – LA VOCATION DE JÉSUS SELON LES PYGMÉES

Quand Jésus eut 20 ans, il fit un cauchemar. Il vit un squelette sans un seul morceau de chair sur les os, assis sur un banc, et à côté de lui un homme gros comme un ballon mais sans un seul os dans la chair. La vue de cette horreur l'épouvanta et il se mit à crier. La colombe-jumelle qui est née en même temps que lui et qui l'accompagne toujours le réveilla pour lui demander :
– Qu'as-tu à crier de la sorte ?
Jésus raconta ce qu'il avait vu en rêve. La colombe lui dit :
– N'aie pas peur. Tu as vu face à face les mystères de la vie. Le squelette qu'il t'a été donné de voir, c'est la religion qui a mangé la vie. Le gros sans os, c'est la vie qui a mangé la religion.

Quand il fit jour, Jésus se leva, se baigna dans le Jourdain et résolut de fonder une Religion qui ne mange pas la vie et que la vie ne mange pas.

35 – L'ORIGINE DE LA GUERRE

Dès que Dieu eût fini de créer les premiers hommes, il se mit à leur apprendre à jouer. Il vint un jour dans la maison des hommes et leur dit :
– Jouons !
– Que signifie jouer, demandèrent les hommes ?
Dieu les fit asseoir en cercle et sortit un paquet de cartes de son pantalon Tergal. Il distribua une partie des cartes et garda l'autre dans la boîte qu'il posa au milieu du groupe.

Dieu commença par leur apprendre à jouer à coeur. Quand ils furent bientôt habitués à ce jeu, il leur apprit ensuite à jouer à valet, puis à sans-atout, à couleur et à mariage. Mais il avait un faible pour le jeu de coeur et donnait toujours le même conseil quand un joueur hésitait : "Si tu veux gagner, joue à coeur, oui, joue à coeur !" En fait, personne ne perdait jamais : ni DIEU, ni aucun homme et tous étaient heureux et s'amusaient comme des enfants.

Un jour, quelqu'un vint à passer au village des hommes et leur demanda :
– Que faites-vous là ?
– Nous jouons.
– A quoi jouez-vous ?
– A coeur et à valet, mais aussi à couleur, à mariage et à sans-atout. Mais qui es-tu toi ?
– Je suis le VOISIN de Dieu. Je viens de sa part vous apprendre un autre jeu, un jeu très intéressant.

– Et quel est ce jeu ?

L'inconnu saisit les cartes laissées par Dieu et se mit à les battre. Il en tira une et leur montra.

– Oh, firent les hommes ! Comme elle est noire et belle ! Qu'est-ce que c'est ?

– Un Pique. Je vais vous apprendre à jouer à Pique.

Les hommes eurent peur de vexer Dieu et dirent à l'inconnu :

– Nous allons attendre que Dieu nous l'apprenne quand il viendra.

– Non, objecta l'Autre, il ne vous l'apprendra jamais car il ne sait pas jouer à Pique, il ne sait que les jeux enfantins !

Et sur ces paroles, il sortit une autre carte et la leur montra.

– Et qu'est-ce que c'est ?

– Le Roi, dit le Voisin de Dieu.

– Oh comme il est grand et beau avec ses vêtements tout brillants, sa canne d'or et sa coiffure pourpre ! Montre-nous ton jeu.

L'inconnu se pourlécha les moustaches, se frotta les mains et commença sans tarder à leur distribuer des Piques et des Rois. Bien vite, il les amena à jouer à Tout-atout, introduisit ensuite le Soupçon et finit par la Guerre.

C'est depuis ce Jour que les hommes ne jouent
plus au bon jeu de Coeur mais à Pique,
plus au beau jeu de Couleur mais à Soupçon,
plus au jeu modeste de Sans-atout mais à Tout-atout,
plus à l'humble jeu de Valet mais à Roi,
plus au doux jeu de Mariage mais à Guerre...
Et depuis, c'est la guerre.

36 – POUBELLE POUR QUI ?

Un homme était devenu à lui seul une poubelle. Les autres hommes le prirent et le jetèrent dehors. Un Etre céleste vint à passer et vit la poubelle. Il pensa : "Il y a des chances que ça donne de beaux épis de mil !" Et la nuit, il vint ramasser la loque humaine. De retour chez lui, il planta du mil qui produisit trente pour un, soixante pour un, cent pour un.

Depuis ce jour, les hommes de ce village ne jettent plus d'ordures la nuit. Quand ils y sont contraints, ils s'excusent d'abord en ces termes : "Je dépose ceci, je viendrai le reprendre demain". Ils ont si peur de déranger l'Etre céleste s'il venait à faire un tour pour ramasser les poubelles humaines pour les recycler ! ...

37 – LA CACHETTE DE LA DIVINITÉ

Au commencement du temps, quand les épines produisaient du mil et des pépites d'or, quand le feu éclairait et chauffait sans brûler, quand les hommes travaillaient en dormant et dormaient en travaillant, quand les enfants n'avaient pas encore de bosses sur la tête, bref, quand le monde ne s'était pas encore gâté, Dieu descendait du ciel par une bande d'étoffe pour donner de la viande aux hommes.

Un jour, une femme qui avait épuisé sa provision de viande, trouva que Dieu tardait à venir. Quand Dieu revint pour le ravitaillement hebdomadaire, elle prit son couteau et coupa la bande afin d'obliger Dieu à rester sur terre pour servir de la viande tous les jours.

La bande s'enroula et disparut dans les profondeurs de l'azur, tandis que Dieu, dans un mouvement rapide, alla se cacher dans le coeur de l'homme. Depuis ce jour on le cherche au ciel, sur les montagnes, dans l'eau, mais on ne le trouve pas. Il est caché dans le coeur de l'homme.

38 – FAIS TON POSSIBLE, DIEU FERA LE RESTE

Une grande famine vint à sévir dans un pays. Un chef de famille vit ses greniers se vider en l'espace de quelques mois. Il vendit ses moutons et décida d'envoyer une expédition au loin pour se procurer du mil.

La caravane alla fort loin, traversa de nombreux pays, mais la famine était générale et nulle part il ne fut possible d'acquérir du mil. Pire, l'aîné des fils qui était le guide fut contraint de faire abattre deux boeufs pour nourrir la troupe et après quelques jours de marche, la caravane parvint à proximité de la maison familiale.

Le fils aîné s'émut à l'idée de la grande déception de son père : non seulement il ne rapportait aucun sac de mil, mais encore il avait perdu deux têtes de bétail. Il s'assit contre un fromager et donna libre cours à son découragement. Un des serviteurs s'approcha et lui dit :
– Maître, lève-toi, fais ton possible, Dieu fera l'impossible !

Le malheureux fils eut comme une illumination. Afin d'éviter à son vieux père une émotion brutale qui précipiterait la fin de ses jours, il fit remplir de sable tous les sacs vides que portaient les animaux. Ainsi, le père ne s'apercevrait pas immédiatement de l'échec de l'expédition.

Conformément à l'usage de la région, la caravane attendit le crépuscule pour faire son entrée dans la cour familiale. Après de joyeuses salutations, le père s'enquit auprès de son fils aîné des résultats de l'expédition, mais le fils somnolait déjà, sans doute de fatigue mais surtout pour repousser l'instant fatidique de la déception mortelle de son père. Tout le monde alla se coucher. Désireux d'en avoir le coeur net, le père prit un couteau et se dirigea vers les sacs qui avaient été empilés dans un coin de la cour. Il creva l'un des sacs. Un ruisseau de gros mil blanc brillant comme de l'argent s'en échappa. Le père s'endormit tout joyeux. Le matin, tout le monde se rendit auprès des sacs et l'on put constater que du beau grain les emplissait tous.

39 – QU'EST-CE QUE VOLER ?

Un homme avait passé sa vie dans la vertu ou du moins ce qu'il croyait telle : prière, ascèse, jeûne, respect du bien d'autrui. Quand, à la fin de ses jours, il se présenta à la porte du ciel, il entendit une voix lui dire :
– N'entre pas ici, il n'y a pas de place pour les voleurs dans cette demeure !
L'homme, transi d'étonnement, répondit :
– Mais, Monseigneur, je suis Payâoni de Koper, j'ai vécu une vie sans histoire et je n'ai jamais pris chez autrui ce dont j'avais besoin !

– Précisément, rétorqua la voix, tu n'as jamais pris chez autrui ce dont tu avais besoin, mais pourquoi as-tu gardé pour toi ce dont tu n'avais pas besoin ? Tu es un voleur. Dans cette demeure, il y a de la place pour des voleurs repentis, pour des femmes de voleurs, des fils de voleurs, mais pas pour des voleurs.

L'homme redescendit en pleurant, décidé à se refaire une sainteté. C'est lui qui se cache derrière chaque humain qui nous tend la main comme pour nous rappeler les paroles entendues autrefois à la porte du Ciel.

40 – LA PEUR TUE PLUS QUE LA MORT

Un messager céleste vint annoncer une catastrophe :
– Demain, il y aura un grand tremblement de terre. Tous les humains vont y trouver la mort sauf un seul.
– Le croyant se jeta aux pieds de son Dieu pour prier.
– Le riche se précipita sur son or et commença à faire l'aumône.
– Le Sage continua à fendre du bois pour sa femme et demanda à l'ange s'il accepterait de revenir de temps en temps pour lui tenir compagnie après ce grand malheur.

Le lendemain, un orage éclata. Il y eut un grand coup de tonnerre. Tous crurent que l'apocalypse annoncée était là et moururent, transis de peur, à l'exception du Sage.

41 – AVEC L'HOMME, ON N'A PAS FINI DE RIRE

Deux hommes vivaient sur deux îles voisines. L'un possédait la définition scientifique de la santé mais était malade. L'autre jouissait continuellement d'une excellente santé mais était inculte au point d'ignorer la définition de la santé. Le second vint dire au premier :
– Partage avec moi ta définition et je te donnerai en retour la santé dont seul je jouis pleinement.
– Ma définition, pas question ! C'est un bien de famille. Mon fils devra en hériter et après en avoir joui pleinement, il devra en livrer le secret à son fils qui le livrera à son fils qui, à son tour, le livrera à son rejeton et ainsi, de génération en génération. C'est l'héritage de mes ancêtres.

42 – LA SAINTETÉ, UN CHEMIN OU UNE DESTINATION ?

Un homme avait reçu de Dieu la perfection, du moins le pensait-il. Alors il s'avisa d'en faire une réserve. Il prit une gourde énorme, y plaça une partie de son bien précieux et partit en forêt pour l'y cacher, loin des regards envieux des autres hommes.

Quand il aperçut l'arbre le plus haut de la forêt, il pensa avec satisfaction : "Voici enfin l'arbre hospitalier. C'est à lui que je vais confier mon trésor, une partie de la perfection que Dieu m'a donnée. Chaque fois que j'en aurai besoin, je n'aurai qu'à faire un pèlerinage vers ce caïlcédrat pour me ravitailler de nouveau !"

Et il embrassa l'arbre de ses grands bras de paysan pour y monter. L'entreprise s'avéra cependant difficile car chaque fois il échouait et retombait sur son séant sans trop comprendre pourquoi. Il renouvela des dizaines de fois l'exercice mais sans parvenir à franchir la moindre distance : la grosse gourde de la perfection qu'il portait suspendue à son cou et qui reposait sur son abdomen l'empêchait de réussir son ascension. Un gamin qui passait par là lui demanda :
– Père, qu'est-ce qui vous fait transpirer tant ?
– Vois-tu, mon fils, Dieu m'a doté de toutes les qualités, il m'a fait don de la PERFECTION. Alors, j'ai placé le trop plein de cette chose précieuse dans la gourde que voici pour le cacher au sommet de ce grand arbre afin de me ravitailler chaque fois que besoin sera.

L'enfant sourit et dit :
– Passez alors votre gourde sur le dos et vous n'aurez plus de difficulté à monter.

L'homme obéit et parvint rapidement aux dernières branches de l'arbre, mais avant de suspendre la gourde-à-perfection, il se prit à se demander : "Suis-je vraiment parfait, puisque je ne suis pas parvenu à monter sur cet arbre sans le concours du gamin ?"

Il renonça alors à son projet et reprit humblement la route de son village.

43 – LES DEUX BUVEURS DANS LA CAVERNE

Deux buveurs pénètrent dans une caverne la nuit pour se protéger contre le froid. Ils sont tellement bien réchauffés et gais que, tout en s'entretenant d'histoires paillardes, ils pénètrent dans les abysses de la caverne sans s'en rendre compte. La nuit est bonne et bien chaude et chacun dort comme un bienheureux.

Au réveil, ils se retrouvent dans une telle obscurité que chacun croit rêver. Ils se frottent les yeux et regardent. Rien. Le noir. Que faire ? Les deux conviennent qu'il faut chercher le chemin et le retrouver, mais ils ne s'entendent pas sur la manière de le faire. Pour le premier buveur, il faut chercher les yeux fermés car il ne sert à rien d'ouvrir les yeux dans une telle obscurité, sans compter qu'on risque à tout moment de les heurter contre un obstacle. Pour le second, mieux vaut plutôt chercher les yeux ouverts car l'oeil fermé risque de manquer son objet et même, à terme, de sombrer dans la cécité.

Sur cette divergence notoire, ils se mettent à s'insulter et chacun part de son côté. Au bout de deux jours d'insuccès, fatigué et inquiet, le premier buveur se met à appeler : "Pierre ! Pierre !" Mais Pierre ne répond pas, ce qui l'intrigue davantage. Il pensa : "Pierre ne peut pas être mort. Il aime trop le *dolo* pour se laisser mourir dans cette maudite caverne ! Il doit être sorti. Et s'il est sorti, c'est que sa recherche-les-yeux-ouverts lui a porté chance". Il ouvre les yeux et aperçoit une luciole qui le guide vers la clarté.

Le second buveur s'inquiète, lui aussi de son compagnon et appelle : "Georges, Georges !" Mais au lieu d'une voix humaine, c'est l'écho qui lui répond. "Il n'est pas possible que ce coquin soit mort, se dit-il, lui qui aime terminer les fonds de calebasse, il doit être chez Fati, la *dolotière*[1], en train de rattraper deux jours de retard. Et s'il est sorti, c'est que sa méthode des yeux fermés a porté ses fruits !" Il ferme les yeux et tout au fond de son oeil, il aperçoit une lumière qui le guide au jour vers son compagnon.

---

[1] Vendeuse de *dolo*.

44 – APPROCHEZ DIEU !

Quand ils venaient à la célébration dominicale, les fidèles de Paparapa se plaçaient toujours à une bonne distance du choeur où se trouve l'autel eucharistique. "Approchez, mes enfants, approchez !" leur répétait le bon curé au fil des années mais sans avoir plus de succès que s'il s'adressait à des pots de marmelade. Il résolut alors de placer l'autel au milieu de l'église, tout près de ses fidèles. Aussitôt fait, aussitôt aussi les fidèles se déplacèrent en masse vers le fond de l'église, créant le même malaise qu'auparavant. Le bon curé déménage de nouveau l'autel et le place au fond de l'église, croyant rejoindre définitivement son petit monde, sérieusement menacé de la damnation éternelle par dureté d'oreille. La masse des chrétiens émigre alors de l'église et s'installe le long des murs d'où ils assistent à la célébration par des trous d'aération. Le curé s'en plaint amèrement et une espèce de fou lui crie du dehors :
– Eh, toi là-bas qui nous cries tout le temps de nous approcher ! Et ton Dieu, il ne peut pas s'approcher, lui ?

Lorsque le curé comprit cette parole, il ramena l'autel au choeur, puis mit son orgueil à témoigner par sa vie et à soigner ses prédications. Deux ans plus tard, non seulement la distance entre l'autel et l'assemblée avait disparu, mais la petite église de Paparapa n'arrivait plus à contenir son monde, tant il y en avait.

En mourant, le bon curé laissa ces quelques mots qui restèrent comme son testament spirituel :

" N'approchez pas l'autel,
Approchez Dieu des hommes
et ils s'approcheront de l'autel,
et ils s'approcheront de Dieu !"

45 – LES DEUX RACES D'HOMMES

Au commencement, Dieu créa deux frères. Un jour ils s'aperçurent qu'ils avaient chacun une ombre. En ce temps-là, l'ombre ne bougeait pas comme aujourd'hui :
– quand l'homme s'asseyait, elle restait debout ;
– quand il se couchait, elle restait debout ;
– quand il marchait, elle suivait mais sans jamais soulever les jambes ni balancer les mains.

Le frère aîné eut peur de cette chose grise et collante et entreprit de s'en débarrasser. Il se mit à courir à toutes jambes croyant que l'ombre ne savait pas courir, mais dès qu'il s'arrêta, et se retourna, il s'aperçut que l'ombre était là. Il alla se cacher dans les ténèbres d'une grotte pendant trois jours dans l'espoir de déjouer l'ombre. Quand il sortit, il vit que l'ombre était encore là. Il alla se cacher dans un puits très profond, pensant que l'ombre serait incapable d'y descendre. Quand il approcha du fond de l'abîme, il s'aperçut que l'ombre l'avait devancé. Il crut alors bon de se cacher dans l'eau mais sans succès, car dès qu'il mit le nez dehors pour reprendre du souffle, il s'aperçut que l'ombre était là et le regardait. Il résolut alors de se jeter dans le feu, convaincu qu'il se débarrasserait définitivement de son indésirable compagnon. Quand le feu s'éteignit, il n'y avait plus d'ombre mais aussi plus d'homme. Les flammes du grand feu l'avaient emporté. A la vue de ce spectacle émouvant, le frère cadet décida, non de nier ou de supprimer l'ombre comme son aîné mais de l'apprivoiser. Il lui dit :
– Assieds-toi, nous allons causer !

Et pour la première fois l'ombre s'assit. L'homme lui dit :
– Viens construire avec moi !
L'ombre ouvrit aussi les lèvres et susurra :
– Viens construire avec moi !

L'homme se leva et l'ombre partit avec lui. Depuis ce jour, l'ombre aide l'homme à cultiver, à porter son fagot de bois, à faire sa toilette, à garder ses moutons, à chasser les fauves, ... à grandir. Depuis ce temps aussi, il existe deux races d'hommes :
– Ceux qui veulent supprimer l'ombre, et
– Ceux qui veulent apprivoiser l'ombre.

46 – L'ORIGINE DE L'ÉCHO

Autrefois, le BONHEUR vivait avec l'homme et le suivait partout où il allait : dans sa case, au champ, à la pêche, à la danse... L'homme vivait vraiment heureux et ne manquait de rien.

Un jour, il est allé en brousse et il a vu un CHIEN. L'animal était beau et leste, et l'homme pensa : "Comme la compagnie de cette chose doit être agréable !" Il attrapa le CHIEN et l'amena chez lui pour ajouter au BONHEUR.

Le premier jour, le CHIEN commença par prendre la place du BONHEUR à la droite de l'homme et relégua le BONHEUR à la seconde place. Pourtant, il aurait pu se mettre à gauche pour laisser la place d'honneur à l'homme, mais il n'en fit rien. Mieux, le second jour, il se mit à aboyer si fort contre lui que le BONHEUR prit peur et s'enfuit. C'est lui qui est devenu l'ECHO ...

Et depuis, l'homme appelle le BONHEUR, il répond mais ne vient pas.

47 – L'IMPATIENCE DE L'HOMME

Au commencement du monde, le Vautour, le Calao[3] et la Poule étaient malades. Le premier souffrait de calvitie, le second, d'une anomalie au bec, la troisième, de crampes dans les pattes. Le Vautour et le Calao décidèrent d'aller voir Dieu pour qu'il les guérisse. La Poule protesta et dit :
— Attention, mes frères, ne risquons pas de mécontenter Dieu. Il nous a dit qu'il viendrait nous guérir, pourquoi donc nous presser ?

Les deux autres ne l'écoutèrent pas et prirent la route du Ciel de leur vol pesant. Et pendant qu'ils s'entraînaient à voler de plus en plus haut, Dieu arriva sur Terre et guérit la poule.

Depuis ce jour, le Vautour est resté chauve et le Calao a un bec pendant. Ils continuent à planer dans les hauteurs à la recherche de Dieu. C'est depuis ce jour aussi que la poule refuse de voler, car Dieu lui a promis de revenir.

---

[3] Oiseau caractérisé par un énorme bec arcqué.

48 – UNE RELIGION PEUT EN CACHER UNE AUTRE

Dans un village les hommes et les femmes se mirent à discuter pour connaître la bonne attitude à observer devant Dieu. Les uns disaient : "IL FAUT PRIER", et les autres : "IL NE FAUT PAS PRIER".

Comme cela tournait en guerre, on alla consulter un saint homme qui vivait sur une montagne et qui leur dit encore autre chose : "IL NE FAUT PLUS PRIER". Tous trouvèrent que le saint se moquait d'eux. Ils l'attachèrent contre un poteau et retournèrent au village pour continuer à se battre.

Quand il ne resta plus que deux survivants, ils décidèrent d'aller consulter une dernière fois l'homme de Dieu, pensant qu'avec la souffrance il se serait maintenant décidé à dire la vérité. Ils trouvèrent un homme en contemplation, les yeux fixes, souriant, le menton dans les airs et qui ne les vit même pas arriver. Le croyant mort, ils s'écrièrent tous ensemble : "L'homme de Dieu ne prie plus". Mais lui, esquissant un petit sourire, s'endormit dans la mort devant eux.

Les belligérants avaient compris. Ils se réconcilièrent et firent élever un sanctuaire à l'endroit où l'homme de Dieu avait disparu. Le fronton de ce sanctuaire porte cette inscription que l'on peut encore lire aujourd'hui si l'on passe par Kaya :
ICI ON NE PRIE PLUS, ON CONTEMPLE !

49 – L'ORIGINE DE LA FOLIE

Un homme voulut un jour écrire l'histoire des hommes. Pour cela, il acheta un gros cahier et se mit à la tâche. Il écrivait une page par jour et le reste du temps, vaquait à ses autres occupations. Il aurait pu ainsi terminer son ouvrage dans le laps d'une année, si cette aventure bien étrange ne lui était arrivée : chaque fois qu'il écrivait une page, le lendemain, il retrouvait le dos de la page rempli et signé DIEU.

La chose se répéta deux, trois, quatre fois, et l'historien finit par se faire du souci. Quel est ce farceur qui venait écrire au dos de ses pages et s'amusait à signer DIEU ?

Il en parla à sa femme et la nuit, ils montèrent la garde à tour de rôle, dans l'espoir de surprendre le mauvais plaisantin. Rien ! Il improvisa un voyage avec toute sa maisonnée et confia secrètement la garde de la maison à un ami, croyant ainsi tendre un piège au visiteur de mauvais goût. Rien ! Le dos des pages se remplissait toujours sans qu'il ne sût quand, ni comment. Il alla consulter le plus grand marabout de la région qui lui remit une poudre, une queue et de l'encens à utiliser chaque fois qu'il finirait d'écrire sa page. Ces objets devaient tenir à distance l'être maléfique qui perturbait la rédaction de l'histoire des hommes. Rien n'y fit, l'être invisible écrivait toujours au verso de ses compositions.

Il ne restait plus qu'une seule chose à faire : détruire ces pages signées Dieu et attendre pour voir comment l'acteur réagirait. Malheureusement, dès qu'il arracha la première page du cahier, un abîme se creusa à la place. L'homme, pris de vertige, tomba dans ce précipice et y trouva la mort.

Quand il arriva dans l'Autre Monde, le chef de là-bas lui demanda les motifs de cette visite prématurée. L'homme résuma son odyssée :

– Voici, j'ai voulu écrire l'histoire des hommes. J'ai acheté un gros cahier et j'ai commencé à le faire. Mais, comble de l'étonnement, chaque fois que je remplissais une page et que j'allais me reposer, le lendemain, je m'apercevais que le dos de la page était écrit et signé DIEU. J'ai mis tous mes moyens en oeuvre pour percer le secret de cette écriture mais en vain. J'ai alors décidé d'arracher toutes ces pages signées DIEU pour recommencer l'histoire des hommes. Dès que j'en ai déchiré la première, j'ai vu à la place un trou qui s'est mis à grandir, à grandir, à grandir jusqu'à m'engloutir et c'est ainsi que je me suis retrouvé chez vous.

– Ainsi donc, vous vous êtes rendu coupable d'un meurtre et d'un suicide ?

– Mais comment, Monseigneur ?

– Vous avez supprimé Dieu et en supprimant Dieu, vous avez supprimé l'homme !

– Mais telle n'était pas mon intention, Monseigneur, je voulais juste enlever les pages signées Dieu, afin d'avoir de la place pour écrire une histoire de l'homme.

– N'insistez pas, cher ami, il est difficile de supprimer Dieu sans supprimer l'homme, tout comme il est impossible de supprimer l'homme sans supprimer Dieu ! D'ailleurs, vous l'avez constaté vous-même, c'est au moment précis où vous avez supprimé Dieu qu'est apparu le grand abîme qui a mis fin à vos jours. Assez !

vous êtes condamné à dix ans de travaux forcés avec sursis, pour meurtre doublé de suicide.

L'homme supplia qu'on le laissât repartir sur Terre pour se refaire une sainteté. Quand il descendit, il n'était plus comme les autres hommes. C'est lui que nous voyons au marché, la culotte à l'envers, les cheveux pleins de poussière et de crottes de bique, toujours occupé à ramasser des morceaux de papier, à les tourner et à les retourner. Il est revenu pour écrire l'histoire des hommes.

50 – DIEU N'EST PAS SÉRIEUX

Un très vieux mythe samo raconte que lorsque Dieu créa les premiers humains, il les soumit à une épreuve en les chatouillant.
– Ceux qui rient sont changés en hommes.
– Ceux qui restent imperturbables deviennent des animaux terrestres ou aquatiques. Depuis ce jour,
les hommes rient,
mais les bêtes ne rient pas.

51 – Ô TEMPS, NE SUSPENS PAS TON VOL !

On dit couramment que le Sage ou le Philosophe est l'ami du temps, mais personne ne sait pourquoi.

Un jour, le Temps était de passage chez un homme. Après l'eau de bienvenue et les salutations d'usage, l'homme lui proposa de passer la nuit dans sa maison, afin de reprendre des forces pour continuer son voyage, mais le Temps refusa et passa. L'homme eut néanmoins la présence d'idée de l'inviter à la fête des récoltes qui se célébrait cinq jours plus tard.

Le Temps était au rendez-vous, paré de ses plus beaux habits. Il mangea beaucoup de viande et but du vin de palme à satiété mais toujours au pied levé, comme à son habitude. Il accepta cependant d'esquisser quelques pas de danse à l'invitation de son hôte, malgré ses vêtements encombrants. L'homme était content, content, très content. Mais pendant qu'il se réjouissait ainsi, le Temps en profita pour se faufiler dans la foule et passa. L'homme était encore vexé et ne savait plus que faire pour retenir le Temps. Il pensa :
– Peut-être mon ami n'aime-t-il pas la fête, puisqu'il passe toujours trop vite ! Je vais l'inviter aux funérailles de ma mère. Peut-être restera-t-il plus longtemps pour nous consoler !

Lorsque le Temps arriva, l'homme ordonna tout de suite de fermer toutes les portes de sa maison, pensant ainsi le tenir captif, et l'on commença la célébration.

Quand vint le soir, l'homme se rappela qu'il avait oublié de ménager le Temps et s'aperçut qu'il était en train de s'en aller. Vite, il accourut vers le mur que l'hôte fugitif escaladait déjà pour se laisser choir à l'Ouest, tenta de le ramener par le pan de son vêtement, mais le Temps était déjà passé. L'homme se dit alors :

– Puisque le Temps refuse résolument de se laisser retenir, voici ce que je vais faire : je vais le tuer, je mangerai sa chair et avec sa peau je ferai un tam-tam dont je jouerai pour célébrer ma victoire.

L'homme sortit une natte, des noix, une grosse pierre et une petite, bref, tout ce qu'il faut pour tuer le Temps. Malheureusement, il s'endormit l'instant d'après et dans son sommeil, il entendit une voix mi-plaintive, mi-amicale lui dire :

– Tu ne peux pas me retenir mais tu peux ne pas me perdre !

L'homme se réveilla en sursaut car il avait reconnu la voix de celui qui, toujours, lui échappait, mais il était trop tard, le Temps avait passé ... une fois encore !

L'histoire se propagea de village en village et c'est depuis ce temps que le Sage reste éveillé, qu'il organise sa vie pour laisser passer le Temps sans le perdre.

52 – UN PUITS POUR MONTER AU CIEL
OU
LA SPIRITUALITÉ DU FOU

– Que fais-tu là ?
– Je veux monter au ciel.
– Et tu commences par creuser un puits.
– Oui, pour poser mon échelle.
– Et tu creuses si profond ?
– Oui, pour monter très haut.

53 – LA THÉOLOGIE DE LA RÉCUPÉRATION

Après mon premier accident, dit le prédicateur, ma voiture était si abîmée que je préférai l'abandonner à son triste sort, mais voici ce qui arriva :
— Ma femme en récupéra la chambre à air et en fit une puisette,
— mon fils, le volant, et en fit un cerceau,
— ma fille, le rétroviseur, et en fit un miroir,
— mon frère, le pare-choc,0 et en fit un épouvantail,
— ma sœur, la valve, et en fit un bec de lampe,
— mon père, le pneu, et en fit des chaussures,
— l'imam en récupéra la jante et en fit un tocsin.
Et moi, je me suis mis à penser :
Que puis-je faire avec
— la maladie par la voiture ?
— la souffrance par la voiture ?
— la mort par la voiture ?
Que puis-je faire avec
— le souvenir de la voiture ?
— le vide de la voiture ?

54 – JETER DU GRAIN, NON SONNER DES CLOCHES OU LA PASTORALE DES GRANDS MAÎTRES

Un fermier avait eu la chance de réussir dans l'élevage des poules. Il en avait des centaines, sans compter les poulets. Vint une année de famine. L'homme commença à être embarrassé, car il n'avait plus de grains pour leur donner à picorer. L'idée lui vint alors de les conduire en forêt où elles trouveraient facilement vers, termites et sauterelles à manger. Il ouvrit la basse-cour, saisit une clochette et se mit à sonner pour qu'elles le suivent,mais aucune poule ne suivit la cloche. Il s'avisa alors de prendre un peu du grain qui lui restait et de le jeter sur quelques mètres à partir de l'entrée de la basse-cour. Les poules suivirent les grains et il les conduisit en forêt pour chercher la ration quotidienne. Il répétait le même geste chaque matin et les poules le suivaient jusqu'à la forêt.

Lorsqu'elles découvrirent les délices de cet endroit, le fermier n'eut plus à se dépenser : dès qu'il jetait le premier grain les poules le devançaient où il voulait les conduire.

55 – UN DIEU MALIN OU LA PÉDAGOGIE DIVINE

Un homme avait Dieu pour voisin mais ne le savait pas. Il écoutait souvent de la musique *rap* et chantait jusque tard dans la nuit et cela gênait Dieu. Celui-ci voulut plusieurs fois le lui signifier, mais il en eut peur car le mélomane était réputé allergique à la contrariété et de surcroît colérique. Alors, le divin voisin se présenta un jour dans sa cour et lui dit :
– Voisin, voilà seize ans que je profite de la musique de votre électrophone. Franchement, je dois avouer que vos tubes me passionnent. Tenez, trois cents francs pour vous acheter des piles.
Dieu réitérait ainsi ses gestes chaque mois et le mélomane, plus que ravi, augmentait de plus en plus le volume pour son propre plaisir et celui de son voisin.

Après quatre ans de courtoisie mutuelle, l'Etre divin commença à espacer sa participation pour l'achat des piles et finit même par ne plus rien donner. L'homme se mit à penser :
– Il me prend certainement pour un imbécile, cet abruti de voisin, puisqu'il ne veut plus rien donner pour la musique ! Je vais en diminuer le volume pour le rappeler à l'ordre.
Ainsi fut dit, ainsi fut fait. Et le *rappeur* baissa tellement le volume de sa musique que Dieu de sa maison n'entendit plus rien, ce dont il ne fut pas du tout fâché.

56 – LE REMÈDE CONTRE LA MORT

Lorsque l'homme prit conscience de la réalité de la mort, il alla demander à Dieu de lui en donner le remède. Le Créateur ne refusa pas et lui demanda de lui procurer un oeuf appartenant à un homme sans silhouette, puis trois colas[4] :
– un premier provenant d'un homme satisfait,
– un second provenant d'un homme qui ne soit pas orgueilleux
– et un troisième provenant d'un homme qui n'a jamais médit de son prochain.

L'homme se rendit chez les habitants des forêts et des montagnes, il quêta auprès des hommes des savanes et des déserts, il alla chez les nomades et les sédentaires, il séjourna parmi les hommes des cavernes et des villages lacustres, sans parvenir à obtenir les produits demandés par le Créateur pour préparer le remède contre la mort.

Et depuis ce jour, les hommes continuent de mourir, de mourir, de mourir ...

---

[4] Fruit du colatier appelé aussi noix de cola.

57 – LA PATERNITÉ RESPONSABLE

Dans les temps reculés, Lune partit un jour voir Dieu pour lui parler de son frère Soleil :
— Le cas de mon frère aîné m'inquiète, dit-il. Il a une grande maison, une femme, beaucoup de mil et il est cousu d'or, tout ce qu'il faut pour faire des enfants et il n'en fait pas. Il faut que tu l'appelles et que tu le conseilles, car il est en train de mettre en danger l'avenir de la tribu.

Soleil, lui aussi, vint voir Dieu et s'exprima en ces termes :
— Mon frère Lune n'est pas raisonnable. Figurez-vous qu'il a jusqu'à deux femmes, l'une à l'Est et l'autre à l'Ouest. Celle de l'Est lui sert de bons petits plats qui le font grossir jusqu'à prendre de l'embonpoint, tandis que celle de l'Ouest le traite mal et il maigrit. Mais cela ne l'empêche pas de visiter régulièrement ces deux épouses. Le résultat : baissez un peu les yeux la nuit vers le ciel et comptez le nombre de ses rejetons :
— Etoile polaire,
— Etoile du Berger,
— Croix du Sud
— Orion,
— Grande Ourse,
— Petite Ourse ..., que d'enfants, des centaines de milliers, et il n'a pas encore dit son dernier mot ! Si vous ne lui donnez pas de bons conseils, bientôt il n'y aura plus de place pour vous où mettre les pieds.

Dieu résolut alors de convoquer Soleil et Lune pour une palabre. Ce fut l'origine de l'éclipse. Les deux frères tombèrent vite d'accord et l'on se sépara. Soleil proposa de fournir régulièrement de la farine à Lune pour l'aider à entretenir sa marmaille et Lune offrit avec joie quelques-uns de ses petits à Soleil qui les accueillit avec joie et les adopta pour en faire ses enfants.

Voilà pourquoi le Jour a des étoiles que nous apercevons de temps en temps dans le ciel. Ce sont les enfants offerts généreusement par Lune. Voilà aussi pourquoi la Nuit a une voie lactée. C'est la bonne farine blanche donnée gentiment par Soleil pour soulager son frère et sa famille nombreuse.

58 – VIVE LE PROGRÈS !

DIOGÈNE, l'homme antique,
allumait sa lampe
pour chercher un homme en plein jour.
DUCULOT, l'homme moderne,
cherche un homme
pour allumer sa lampe en pleine nuit !

59 – OÙ TOUS S'ARRÊTENT, LE MYSTIQUE VA PLUS LOIN

Cela se passait en 1960, lorsque la Haute-Volta, fraîchement indépendante, décida de lutter contre la divagation des animaux. L'information du commissaire de police était claire :

– Plus de bêtes en divagation pendant l'hivernage ! Mais si par malheur des animaux venaient à abîmer votre champ, de grâce ne les tuez pas, attrapez-les et amenez-les moi. Le propriétaire de ces bêtes paiera une forte amende assortie de graves avertissements.

Quelques jours plus tard, un brave homme se présenta au commissariat pour dire :

– Monsieur le commissaire, je vous amène celui qui abîme mon champ !

Et il exhiba un crapaud. L'homme de la justice punitive entra dans une grande colère et commença à tempêter, car depuis que la loi contre la divagation des animaux avait été promulguée, il avait vu conduire en fourrière des boeufs, des ânes, des moutons et des chèvres et même un chameau, mais jamais un batracien. Comment cette petite bête inoffensive pouvait-elle nuire à des pousses ? Mais interrogé sur son comportement, le paysan expliqua:

– Ce crapaud et ses fils passent le temps à chanter dans une mare à proximité de mon champ. Leurs croassements attirent les calaos qui viennent les guetter pour les dévorer. Ces oiseaux, en planant ainsi, révèlent la présence d'un point d'eau aux boeufs assoiffés. Ceux-ci, en venant se désaltérer, traversent mon champ en arrachant mon mil. Voilà pourquoi je vous ai conduit ce crapaud.

60 – LA LEÇON DES VERBES

Après l'événement de Babel, le Verbe Irrégulier devint triste comme une femme battue. Il se rendait bien compte que les enfants des hommes l'évitaient le plus possible, tandis qu'ils fréquentaient assidûment son frère le Verbe Régulier. Quand il faisait route avec son frère, celui-ci voulait toujours marcher devant pour indiquer les actions à accomplir et montrer sa supériorité. Ainsi naquit une jalousie terrible entre eux, une jalousie telle qu'ils en vinrent aux mains et que leurs oncles durent intervenir pour les ramener à la raison.
Le Proverbe dit :
– C'est réunis que les charbons brûlent,
c'est en se séparant que les charbons s'éteignent !
L'Impératif ordonna :
– Accordez-vous !
L'Adverbe verbalisa :
– Rapidement !
Sur ces fortes paroles, les belligérants acceptèrent d'arrêter pour dialoguer et trouver un terrain d'entente. Ils reconnurent le ridicule de la situation et trouvèrent plus profitable de s'arranger à l'amiable. Ils signèrent alors un pacte de bon voisinage, d'égalité et de considération mutuelle.

Depuis ce jour, quand deux Verbes se suivent, le second se met à l'Infinitif, qu'il soit Irrégulier, Régulier, ... ou Séculier, pour le bien de la paix.

61 – UN BONHEUR POUR LES MALCHANCEUX ?

Il y avait un homme qui s'appelait "La Malchance me poursuit". Il avait cultivé du mil, et le temps des récoltes étant arrivé, il se rendait maintenant au champ pour le couper. A son grand étonnement, le mil s'était transformé en tiges de coton. Il coupa ces tiges, en fit des ruches et les suspendit. Et comme des abeilles y fabriquaient du miel, il alla pour le récolter et trouva que le miel s'était transformé en oiseaux. Il attrapa les oiseaux, les pluma et se mit à les cuire. Des gens de la cour survinrent pour demander s'il n'avait pas aperçu le petit cheval du chef perdu depuis deux jours. Il leur raconta sa mésaventure et conclut en disant qu'il n'avait pas vu ce cheval. Avant de les laisser partir, il découvrit sa marmite pour leur faire goûter de son plat, mais les oiseaux s'étaient transformés en oreille de cheval. Les pages le ligotèrent alors et le conduisirent au chef pour qu'il s'expliquât. Il dit :
– Je m'appelle "La Malchance me poursuit". J'ai cultivé du mil, je suis allé pour le couper et j'ai trouvé qu'il s'était transformé en tiges de coton. J'ai arraché les tiges, j'en ai fait des ruches où les abeilles sont venues déposer du miel. Quand je suis allé pour récolter le miel, je n'ai trouvé que des oiseaux à la place. Désolé, j'ai tué les oiseaux et je les faisais cuire quand vos serviteurs sont entrés chez moi. J'ai avoué que je n'avais pas vu votre cheval, mais en ouvrant ma marmite pour leur offrir de mes oiseaux, grande fut ma surprise de constater qu'ils s'étaient transformés en oreille de cheval, ce que voyant, vos hommes, révulsés, présumèrent que j'étais le voleur de votre poulain et me traînèrent ici.

Le chef écouta avec compassion le drame de cet homme et se contenta de dire :
— Ce n'est pas de ta faute, rentre en paix chez toi !

Ravi, l'homme leva sa hache pour ovationner le chef. Le fer s'en desserra et vint meurtrir la tête du souverain. Les serviteurs l'attachèrent de nouveau, mais de nouveau le chef ordonna de le relâcher. L'homme, plus que heureux, ramassa de la poussière pour porter le chef aux nues, mais la poussière se changea en feu et embrasa le palais royal. Les courtisans voulurent de nouveau l'attraper, mais le chef intervint une fois de plus pour dire de le laisser partir.

En chemin, il croisa les femmes du chef qui revenaient du marigot avec de l'eau pour éteindre l'incendie. En le voyant, les femmes s'écrièrent :
— Voici l'homme qui a incendié notre maison !
Il s'exclama :
— *Hei*, princesses !
Et elles devinrent toutes enceintes.

S'apercevant du drame de la situation, il se mit à courir à toutes jambes pour se sauver, mais il courut si vite qu'il alla heurter un rocher qui le projeta contre une étoile. C'est alors qu'il atterrit de tout son long dans l'autre monde, le nez contre un grand portail. Dès qu'il prit conscience de son nouvel état, il eut comme l'impression, devant les gros cadenas et les pesants verrous, qu'il venait d'arriver trop tard dans le royaume du Bonheur. Et sans même se donner la peine de regarder par derrière où pourtant une foule immense s'amusait de cette entrée fracassante, il commença à donner de grands coups de pied à la porte éternelle en criant :
— Laissez-moi entrer !

Un homme vêtu de blanc et tenant des clés à la main vint le tirer par le col et lui dit bien gentiment :
– Mais, Monsieur, vous y êtes !
Il était arrivé au Ciel par le toit, c'est-à-dire par l'ouverture réservée aux cas difficiles.

62 – LE DRAME DE L'ADAM MODERNE

Il était UN
Ils sont UN
Il est SEUL !

63 – DIEU AIME LES FEMMES

Après que Dieu eut créé Adam avec de l'argile, il rêva d'une autre variété plus ferme. Il dit :
– Je ne la ferai pas avec la tête pour qu'elle ne soit point penseuse.
– Je ne la ferai pas avec le cou pour qu'elle ne soit point raide,
– ni avec le muscle pour qu'elle ne soit point grossière,
– ni avec le poil pour qu'elle ne soit point piquante,
– ni avec le pouls pour qu'elle ne soit point batteuse,
– ni avec le fondement pour qu'elle ne soit point négligente,
– ni avec le front pour qu'elle ne soit point chauve,
– ni avec le dos pour qu'elle ne soit point plate,
– ni avec l'épaule pour qu'elle ne soit point carrée,
– ni avec la graisse pour qu'elle ne soit point laide,
– ni avec le nombril pour qu'elle ne soit point une plaie,
mais je la ferai avec une partie discrète mais ferme du corps de l'homme, une côte.

Alors Yahvé Dieu fit tomber une torpeur sur l'homme qui s'endormit. Il prit une de ses côtes, façonna une femme et lui dit : "sois ferme !" et il l'amena à l'homme. Lorsque Eve trouva Adam encore couché, elle dit : "Un paresseux ! Ça commence bien ! Tu vas aller ramasser les pommes, oui ou non ?" Puis ce soir-là, au lieu de lui préparer de la nourriture cuite, elle lui présenta une moitié de pomme en disant : "Mange et tais-toi !" Adam mordit avec un appétit de célibataire dans le fruit et se cassa la dent. "Aïe, fit-il, en tendant la dent cassée vers la femme, voilà l'os de mes os !" Et ce fut le début des pépins.

64 – THÉOLOGIE D'UN NON-THÉOLOGIEN
OU
LA FOI D'UN PAïEN

Le Sage Paoba acceptait volontiers d'arrêter de temps à autre sa méditation sur les mystères de la vie pour répondre aux questions des visiteurs. C'était un homme d'une sagesse exceptionnelle et quoiqu'il se déplaçât de savane en savane pour fuir les bourgs et rechercher la solitude, on finissait par le dénicher pour l'interroger sur les grandes questions de l'existence : Pourquoi la souffrance et la mort ? D'où venons-nous et où allons-nous ? etc... Un Européen vint un jour lui demander :
– Dieu existe-t-il ?
Le Sage lui fit cette autre question :
– L'air existe-t-il ?
– Oui, répondit le touriste.
– Alors Dieu existe, conclut le Sage, car Dieu est comme l'air. Il est là mais tu ne le vois pas. Tu peux le sentir, non le saisir, l'entendre, non l'apercevoir. Dieu est comme l'air, il est partout. Si tu penses biche, tu penses animal qui respire. Si tu penses mil, tu penses plante qui respire. Si tu penses feu, tu penses élément qui respire. Et l'eau elle-même ne peut vivre sans air. Dieu est comme l'air. S'il n'existait pas, les vivants n'existeraient pas.

Le Blanc n'était pas du tout convaincu de la réponse du Sage. Aussi, sur la route du retour, se mit-il à se demander ce que l'homme de Dieu lui aurait dit s'il avait fait la réponse contraire. Il se déguisa alors et revint sur ses pas pour interroger :

– Dieu existe-t-il ?
L'homme de Dieu lui demanda :
– L'air existe-t-il ?
– Non, dit le touriste.
– Alors, continua le Sage, vous non plus vous n'existez pas.

Et saisissant son gros bâton de pèlerin, il se mit à assener de grands coups sur le dos du fantôme qui s'enfuit sans plus demander son reste.

65 – TOUT REMÈDE EST GROS D'UN NOUVEAU MAL

Le Coq et l'Eléphant s'en vinrent un jour chez Dieu pour se plaindre. Le Coq dit :
– Majesté, mon sort sur terre n'est pas du tout enviable. Je règle le temps pour l'homme. Grâce à mon chant matinal, il connaît le jour pour aller à son champ. Mais quand l'homme récolte son grain, il ne pense plus à moi. Lorsque l'enfant garde la farine et que je m'en approche, il me jette des pierres. Quand la femme épierre son mil et qu'elle me voit avancer, elle m'accueille avec des coups de bâton. Son mari me voit-il ramasser un seul grain lorsqu'il bat son haricot, je reçois un coup de fléau si je ne me sauve à toute jambe, avec à la clé toutes les injures du monde. Je suis alors obligé d'aller glaner ma ration péniblement dans les champs, les aires désertiques et dans les marécages. Voyez comme cela est injuste. Majesté, faites que je mange mieux, que l'homme partage son grain avec moi qui délimite la nuit pour qu'il puisse aller à sa besogne.

L'Eléphant lui aussi s'avança et dit :
– Mon sort est encore plus pitoyable, Majesté. Je suis le plus grand et le plus gros des animaux. Je devrais, par conséquent, donner naissance à une cinquantaine de petits à la fois, mais non, tel n'est pas le cas. Quand la Poule pond et couve, elle donne naissance jusqu'à vingt poussins. Lorsque le Cochon met bas, il donne naissance à dix petits. Le Chat, lui aussi, en engendrant, donne naissance à cinq chatons et parfois plus. Mais moi, avec

toute ma prestance, je n'engendre qu'un seul rejeton, oui, un seul petit, Majesté ! Cela est simplement injuste et inacceptable.

Dieu accueillit les doléances des deux voyageurs et leur donna des cases où passer la nuit. Dans la case de l'Eléphant, il disposa des vivres en grande quantité, de quoi nourrir les hommes pendant trois mois. Le pachyderme n'en fit qu'une bouchée et attendit impatiemment que vînt le prochain repas. Dans la seconde case, celle du gallinacée, Dieu apprêta plusieurs plats remplis de grains nourrissants : mil, riz, maïs, haricot, sésame, bref, tout ce qu'une poule peut désirer dans ses rêves. Le Coq fit le meilleur repas de sa vie car il mangea, mangea, mangea. Il fit sa toilette et se rendit au lit, le pas pesant, l'estomac pendant, puis dormit, dormit, dormit, au point que Dieu fut lui-même obligé de délimiter la nuit ce soir-là. Quand les hôtes terrestres vinrent lui dire bonjour, Dieu leur demanda :

– Coq, que s'est-il passé pour que tu oublies de régler le temps ? Et toi Eléphant, sais-tu qu'à toi seul, tu as dévoré en un repas ce que les hommes mangent en trois mois ? Etes-vous toujours prêts à voir vos voeux exaucés ?

Les animaux ouvrirent de grands yeux étonnés puis demandèrent à se retirer pour se concerter. Le petit dit :

– Si l'homme me laisse manger tout le grain que je désire dans sa maison, je deviendrai gros et gras, je dormirai longuement et j'oublierai de séparer les nuits des jours. L'homme mécontent se plaindra : "A quoi bon posséder un coq s'il ne peut même pas régler le temps ?" Et il mettra fin à mon existence.

Le grand lui aussi s'en ouvrit au petit :

– Si déjà, à moi seul, je dévore en un repas ce que l'homme consomme en trois mois, je doute fort que celui-ci ne fasse disparaître mon espèce si j'en venais à donner naissance à plusieurs petits à chaque mise bas. Il y verrait une menace pour son existence et me livrerait une chasse sans merci jusqu'à ce qu'il n'y ait plus un seul éléphant sur la face de la terre. Non, il vaut mieux rester monopare[5].

Sur ces mots, les animaux rentrèrent chez eux sans autre forme de procès.

---

[5] Qui met bas un seul petit à la fois.

66 – NE FRAPPEZ PLUS DIEU

Il y avait, dans une paroisse reculée du Cameroun, un saint prêtre qui avait fini par surprendre ses pénitents par les conseils qu'il leur prodiguait lorsqu'ils s'adressaient à lui pour obtenir le pardon de leurs péchés. Chaque fois qu'il s'agissait de maraboutage, de sacrifice païen, d'adultère, de masturbation, de gourmandise... il se contentait de dire : "Allez en paix, mon fils, et ne pincez plus Dieu !"

Mais lorsqu'il s'agissait de haine, d'indifférence aux malades, de refus de pardonner, de rendre service, de partager... il disait d'une voix forte et ferme :
" Allez en paix, mon fils, et ne frappez plus Dieu, sinon vous finirez en enfer ! "

67 – CES ÉTIQUETTES AUXQUELLES NOUS TENONS
OU
L'ORIGINE DU CHAPEAU

Un grand malheur s'était abattu sur une région : des criquets. Il y en avait partout : au Nord, au Sud, au Levant et au Couchant. Il y en avait partout : dans les champs, sur les arbres, dans les bas-fonds, partout où poussait la moindre verdure.

Il y avait à côté de ce royaume, un village dont le devin était très réputé. Le roi envoya trois de ses courtisans en consultation chez lui, afin de connaître l'origine de cette calamité et les moyens de la supprimer. A leur retour, les envoyés rapportèrent le verdict qui devait rendre le salut à tout le peuple : que le roi consente à porter de la paille pour faire le tour de son palais et que cette paille soit ensuite brûlée. La fumée éloignerait les criquets de son royaume.

Le roi opposa une fin de non recevoir à la solution miraculeuse qui devait rétablir la paix et la joie dans son royaume, arguant qu'il ne sied pas à un roi de porter de la paille, quelle qu'en soit la raison.

Les courtisans trouvèrent alors une astuce. Ils tissèrent un chapeau de paille et l'offrirent au souverain, soit disant pour qu'il se protège contre le soleil, étant donné que la calamité persistait et que l'ombre avait disparu des arbres. Ils insistèrent ensuite pour retourner

en consultation -ce qui n'était qu'une autre astuce- et revinrent dire au roi :
— Majesté, tes voeux seront bientôt exaucés. Il te suffit, pour éloigner les criquets, de faire le tour de ton palais, coiffé de ton nouveau chapeau et ensuite de le brûler.
Le roi consentit à la nouvelle proposition et la calamité fut ainsi écartée.

68 – TROP LOIN À L'EST, C'EST L'OUEST

A ceux qui demandaient au Sage Yaba s'il fallait souvent parler ou se taire, il se contentait de dire : "Trop loin dans la parole conduit à la mort, trop loin dans le silence conduit également à la mort. Trop loin à l'Est, c'est l'Ouest", et il racontait cette histoire :

Un petit garçon, pas plus haut qu'un muret, partit un jour à l'aventure, en quête de sagesse. Il entendit chanter un oiseau et comme il avait faim, il le chercha, le trouva et le tua de son lance-pierres. Pendant qu'il le grillait, il se mit à penser : "Si cet oiseau n'avait pas chanté, je ne l'aurais pas découvert et tué. C'est la preuve que la parole tue". Et il prit la ferme résolution de ne plus parler.

Chemin faisant, il rencontra des femmes qui cherchaient du bois. Elles lui demandèrent : "Où vas-tu, petit chéri, avec ce baluchon sur l'épaule ?" L'enfant ne répondit rien. Elles en conclurent que c'était un sourd-muet égaré et le conduisirent chez elles. Le maître de cette maison crut bon d'héberger l'enfant jusqu'au matin, après quoi il le conduirait chez le chef. Il lui donna donc une natte et le mit à dormir avec sa plus jeune femme et son bébé.

Pendant la nuit, l'amant de la femme arriva. Vite, il s'aperçut d'une présence indésirable et voulut tourner les talons mais son amie le rassura : "Ne t'inquiète pas, ce n'est qu'un enfant égaré, un sourd-muet que nous avons ramené des champs". Le bout d'homme suivait tout mais faisait semblant de dormir. Et les amoureux se mirent à l'aise jusqu'au premier champ du coq. Sur le chemin du retour, l'homme s'aperçut qu'il avait oublié son fusil et revint en toute hâte pour le chercher. Vite, son amie le lui tendit et il le saisit par le canon. Malheureusement, dans sa précipitation, il l'empoigna mal, et la crosse en retombant, tua le bébé sur le coup. L'amant, tout affolé, ne savait que faire, mais la femme lui dit : "Va-t-en vite chez toi. Quand tu seras suffisamment loin, je crierai que ce sourd-muet a tué mon enfant et j'appellerai au secours". Ainsi fut dit, ainsi fut fait. Et tous accoururent pour entendre la jeune femme gémir : "Wii, mon enfant ! Ce sourd-muet est un assassin, il a tué mon enfant ! Wii, mon enfant, mon enfant !"

L'affaire fut tout de suite portée au chef qui décida d'exécuter le petit assassin. On l'amena pieds et poings liés pour lui trancher le cou, mais au moment de porter le fer sur lui, il ouvrit la bouche et dit :
– "Ecoutez, bonnes gens, je ne suis, ni un sourd-muet, ni un assassin, je suis simplement un amoureux de la sagesse. Je suis sorti pour chercher la sagesse et voici ce que j'ai vu : un oiseau mourir pour avoir parlé. Depuis lors, j'ai résolu de ne jamais plus parler. Et comme je constate que le silence lui aussi peut conduire à la mort, voici, je vais tout vous dire ..."

Et il sauva sa vie en parlant.

69 – AU NOM DE MA RELIGION !

C'est Noël. Un païen se faufile parmi les chrétiens pour recevoir la sainte communion. Le catéchiste le reconnaît de sa place et se précipite vers lui avant qu'il n'ingère le repas sacré. Il lui arrache la communion de la main, la jette par terre et l'écrase du talon sous ses yeux pour lui montrer sa colère et surtout lui signifier que la communion n'est pas faite pour les païens.

70 – L'IRRÉDUCTIBILITÉ DE L'HOMME

Dans un village reculé de Tanzanie, un homme se faisait appeler "Dieu seul est roi". La chose parvint aux oreilles du souverain de cette région qui prit l'affaire comme une mauvaise plaisanterie et convoqua le porteur du nom :
– Es-tu bien celui qui s'appelle "Dieu seul est roi" ?
– Assurément, sire, répondit l'autre.
– Et que veux-tu signifier en choisissant ce nom ?
– Rien d'autre, sire, que ceci : Dieu est roi et lui seul.
– Je te donne jusqu'à demain pour changer ce nom moqueur, et que je ne l'entende plus prononcer dans mon royaume.

L'homme rentra chez lui mais refusa de changer son nom et le roi décida de le supprimer. Il le fit conduire hors du village et lui coupa la tête. Mais ce qui se cache derrière la tête se mit à dire :
– Dieu seul est roi !
Le souverain crut que c'était la bouche qui parlait et il alla fendre la bouche d'un grand coup de sabre. Mais ce qui se cache derrière la bouche cria :
– Dieu seul est roi !
Le meurtrier pensa que c'était la langue et la mit tout de suite en mille morceaux. Mais ce qui se cache derrière la langue dit :
– Dieu seul est roi !
Le roi décida que c'était le sang qu'il fallait supprimer pour que l'homme disparût pour toujours. Alors il entassa

de l'herbe et mit le feu au sang. Mais le liquide flamboyant, des creux de la terre, lui dit :
— Je suis encore là. Dieu seul est roi !

71 – DEUX CRÉATURES CHANCEUSES OU MALCHANCEUSES ?

Il y a longtemps, alors que les pierres étaient encore les unes molles, les autres tendres, l'Oeil et la Main se rendirent chez Dieu pour se plaindre. La Main dit :
– Seigneur, Bon Dieu, je suis contente mais il y a quelque chose qui ne va pas. Regardez la Langue : elle peut parler et se parler. Le Nez lui aussi peut sentir et se sentir, sans parler de l'Oreille que vous avez aussi dotée de la faculté d'écouter et de s'écouter. Moi, la malheureuse, je suis pauvre et bien peu de chose à côté d'eux : je les lave tous, mais ne peux me laver moi-même. Et pourtant je suis leur Soeur aînée !

L'Oeil se gratta le front et poursuivit :
– C'est exactement ce qui me peine moi aussi :
Je vois l'animal,
je vois l'arbre,
je vois la montagne,
je vois l'eau,
je vois même l'oiseau qui vole au ciel et jusqu'à l'étoile blottie là-bas tout au fond du firmament, je vois tout, mais hélas, je ne me vois pas moi-même !

Dieu écouta attentivement les plaignants et leur demanda de revenir le lendemain matin pour qu'il leur fasse des propositions. En attendant, il consola les malheureux comme il put en donnant à l'Oeil de merveilleux objets à voir et à la Main des choses très douces et ravissantes à toucher.

Sur le chemin du retour, ils traversèrent deux villages. Le premier était habité par des fourmis. Là on travaillait ensemble car chacune avait besoin de l'autre :
- Les petites des grandes pour porter les lourdes charges,
- Les hommes des femmes pour garder les oeufs et les grains,
- Les femmes des anciens pour surveiller l'entrée des galeries.
On vivait ensemble et chacune trouvait son bonheur à aider et à être aidée.

Le second village était celui des araignées. Partout, on apercevait des toiles et au milieu de chacune une araignée, seule. Chacune chassait seule, mangeait seule, dormait seule et le seul mot qu'elles échangeaient dans cette existence de solitude était "bonjour", quand elles se rencontraient pour les besoins de la conservation de l'espèce. Devant ce spectacle émouvant, l'Oeil ne put s'empêcher de dire :
- Il vaut mieux être heureux avec les autres que d'être heureux tout seul.
- Oui, renchérit la Main, être heureux c'est avoir besoin d'un autre.

Les deux amis avaient-ils compris que la vie de fourmi était plus heureuse que celle d'araignée ? Toujours est-il qu'une fois à la maison, l'Oeil réintégra définitivement son orbite et la Main son épaule et ils ne vinrent plus jamais voir Dieu.

72 – HISTOIRE DE SALUT

HIER,
l'homme marchait à côté de Dieu. Il a vu un hérisson et est allé le ramasser. Depuis il est devenu lourd et il est tombé.

AUJOURD'HUI,
Dieu a pris le hérisson de l'homme pour qu'il ne souffre pas, il s'est mis devant pour qu'il n'ait pas peur et il l'accompagne.

DEMAIN,
Dieu prendra l'homme sur ses épaules parce qu'il n'aura plus d'affaires à porter et il dira pour se moquer de lui : "Vive le hérisson !" Et ils riront tous les jours comme des enfants.

73 – LE SECRET DU COEUR DE L'HOMME

L'initiation chez les Mina comporte une leçon dénommée "Le secret du coeur de l'homme", où le coeur est symbolisé par une case. Voici l'essentiel de ce qu'on y dit :

Un roi, avant de mourir, convoqua ses oncles, ses cousins et ses neveux et leur dit :

– Je quitte ce monde sans laisser de fils ni de fille, selon les desseins de la Providence. Mais je m'en vais heureux d'avoir accompli mon devoir de Père et de Juge de ce royaume. J'ai toutefois une inquiétude, celle de vous voir vous déchirer après mon départ pour accéder à mon trône et hériter de mes richesses. Voici donc ce que je propose : cette case devant vous ne vous est pas étrangère. C'est là que je siégeais tous les jours pour vous écouter et recevoir vos cadeaux. Celui d'entre vous qui pourra la remplir de sorte qu'il ne reste plus un seul vide, c'est à lui que reviendra mon trône.

Une première personne alla couper de la paille et l'entassa dans la case jusqu'au toit mais le roi lui fit voir que la case n'était pas entièrement remplie, puisqu'il parvint à y loger encore une brindille. La seconde personne entassa du sable dans le vestibule mais se vit lui aussi refuser le pouvoir, car il y avait encore l'espace de quelques grains, malgré son acharnement. La stratégie de la personne suivante était encore plus fine. Il bourra la case de poudre de charbon de bois et se proclama tout de suite vainqueur, mais le roi se déclara de nouveau insatisfait en lui prouvant qu'il pouvait encore y introduire une pincée de charbon.

Ainsi se succédèrent grands, moyens et petits jusqu'à ce que se présentât une petite barbe tranquille. Il ferma toutes les ouvertures de la case pour faire l'obscurité, disposa un peu de bois, alluma un feu et dit :
— O roi, vois, toute la case est remplie de lumière !
C'est à lui que furent confiés le trône et ses richesses.

74 – LE TAM-TAM SENT LA FOI ?

On prépare la fête de Noël. Le bon Père Piment n'a pas assez d'instrumentistes pour sa chorale et fait appel aux bonnes volontés de la ville. Patisankana se présente. Il joue très bien du tam-tam mais appartient à la religion traditionnelle. Tout se passe bien et après la fête, il continue à venir jouer le dimanche.

Au fil des années cependant, une certaine gêne vient à naître chez monsieur le curé : "Cet homme joue très bien du tam-tam mais c'est scandaleux qu'il ne se convertisse pas au christianisme, d'autant plus qu'il se place toujours au premier banc". Il envoie alors une délégation de chrétiens le sommer de se convertir ou de cesser de jouer à l'église. Et depuis, on n'entend plus le rythme entraînant du joueur de bonne volonté.

Par la suite, chaque fois que le bon Piment évoquera la situation dans sa prédication il la caricaturera en ces termes : "Le tam-tam sans la foi !" Mais beaucoup de ses paroissiens, sans doute habitués au langage des odeurs et des couleurs et probablement ignorants des derniers événements de la paroisse, comprendront tout simplement : "Le tam-tam sent la foi !"

75 – UN SACRIFICE EXEMPLAIRE

On dit que l'écrivain espagnol Eugenio d'ORS Y ROVIRA avait cette habitude : le dernier soir de l'année, il s'enfermait dans sa chambre et relisait attentivement tout ce qu'il avait écrit pendant l'année et n'avait pas encore publié. Il choisissait le meilleur morceau : un poème, un fragment philosophique ou une page de roman -ce qu'il croyait avoir le plus profondément pensé et le plus heureusement exprimé durant toute l'année. Et lorsque les lumières s'éteignaient pour annoncer l'arrivée de la Nouvelle Année, il brûlait cette page inspirée, belle et parfaite entre toutes, cette page dans laquelle il avait reconnu son chef-d'oeuvre, et que personne encore ne connaissait. Il la brûlait pour que personne, jamais, ne pût la connaître.

L'écrivain expliqua un jour la signification de ce geste : c'était sa manière à lui de SACRIFIER, c'est-à-dire, d'*animer*, de donner du *souffle* à son oeuvre.

76 – JE VOIS LE MONDE COMME JE SUIS

Deux pèlerins discutaient, de retour de La Mecque :
– Comment avez-vous trouvé ce pèlerinage ?
– Un délice ! Et vous ?
– Un enfer.
– Comment un enfer ?
– Les conditions d'hébergement étaient épouvantables. Quelle idée de loger 500 personnes en dortoir ! Et le soir, ça bâillait, ça ronflait, ça piaffait ou ça rêvait haut. Je n'ai pas fermé l'oeil une seule nuit pendant ce séjour dans la ville du Prophète. Et vous trouvez moyen d'y voir un délice ?
– Parfaitement, car j'y voyais une occasion de méditer sur notre future condition au ciel.
– Vous rigolez ? Quelle future condition ?

Et la discussion continua sur ce ton sans qu'ils parvinssent à se mettre d'accord, et pour cause ! L'un des pèlerins voyait le dortoir comme un avant-goût de l'enfer où l'on ne peut jamais fermer l'oeil, tandis que l'autre le considérait comme un avant-goût du ciel où l'on vit ensemble et non en chambres séparées.

77 – LA PATERNITÉ ET LA MATERNITÉ VÉRITABLES
OU
L'ORIGINE DE LA POMME D'ADAM

Sompa tomba malade. Sompa, c'est le fils du premier homme et de la première femme. Il faut savoir qu'au début du monde, le couple humain discutait encore pour savoir à qui devait appartenir l'enfant, à son père ou à sa mère. L'homme disait :

– L'enfant me revient, puisque c'est moi qui construit la maison, procure la nourriture et veille sur la femme !

La femme protestait :

– Pas du tout : l'enfant est ma propriété car c'est moi qui l'enfante, l'allaite, lui fais sa toilette et le lange !

C'était donc ainsi tous les jours, des discussions interminables, jusqu'au jour où Sompa tomba malade. Alors, son père et sa mère se mirent d'accord pour lui chercher du remède. La femme alla trouver Dieu et dit :

– Je cherche du remède pour mon enfant Sompa. Il est gravement malade.

Dieu lui répondit :

– Il existe un remède pour guérir l'enfant mais il te demandera beaucoup de sacrifices, car il est difficile à obtenir.

La femme s'écria aussitôt :

– Et quel est ce remède ?

– Que je te coupe la gorge et qu'avec le sang qui en sortira tu frottes le corps de l'enfant.

La femme trouva le remède trop onéreux et battit en retraite. Quand l'homme apprit qu'il existait un remède pour guérir l'enfant, il se présenta chez Dieu, décidé à le ramener. Dieu lui proposa :

– Je peux guérir le petit, à condition que tu acceptes de donner du sang de ta gorge pour qu'on l'en enduise.

L'homme se coucha. Dieu saisit sa gorge et la coupa. Il la renoua ensuite pour arrêter l'écoulement. Du sang qui en sortit, l'homme enduisit le corps de Sompa et il recouvra la santé. Depuis ce jour, la gorge de l'homme n'est plus lisse. Depuis ce jour aussi, Dieu décida que l'enfant appartiendrait à l'homme et perpétuerait sa famille, même si c'est la femme qui le porte d'abord dans son ventre et le met au monde.

78 – QU'EST-CE QUE LA PAIX ?

Le bon Père Bravo était ravi d'avoir fait creuser un puits pour ses chrétiens. Seulement, à l'utilisation, il se rend compte que les mahométans s'en servent plus que les chrétiens et même qu'ils provoquent quotidiennement des bagarres avec ces derniers. Le missionnaire met tout en oeuvre pour éloigner les musulmans, mais en vain. Irrité et fatigué d'entendre toujours les mêmes plaintes et les mêmes incidents, il convoque les deux parties au puits et, après un discours pro domo pour décourager définitivement les musulmans, il attache un cochon au bout d'une corde et le plonge dans le puits, au grand scandale des disciples de Mahomet.

Pendant que les uns riaient de contentement, les autres se hâtaient de s'éloigner du puits désormais maudit. Le Père n'eut plus qu'à se tourner vers ses ouailles pour leur dire avec satisfaction : "Mes enfants, retournez chez vous, vous avez maintenant la paix !"

79 – LE DIABLE PLUS PUISSANT QUE DIEU ?

Deux frères vont au loin pour chercher fortune. La nuit les surprend et ils demandent l'hospitalité chez le Diable. L'hôte bienveillant leur dit :
– Si c'est la richesse que vous désirez, vous êtes arrivés au terme de votre voyage. J'ai tout ce qu'il faut pour vous combler et vous rendre heureux. Inutile d'aller jusqu'à Dieu, c'est trop loin et la route est épouvantable.

Et il leur montra ses parcs, son or, ses greniers, ses femmes, et tout ce qui fait sa gloire... Les deux frères passèrent la majeure partie de la nuit à discuter sur la proposition de l'hôte opulent sans parvenir à accorder leurs violons. Au lever du jour, l'aîné dit :
– J'opte pour le Diable car je constate qu'il est vraiment puissant.

Le cadet répondit :
– Moi, je suis pour Dieu car bien qu'il habite loin et que je ne l'aie jamais vu de mes yeux, je crois qu'il est plus puissant que notre hôte.

Le Diable prit alors l'aîné des frères à part, lui offrit 300 boeufs, 300 moutons, 300 chèvres, 300 ânes chargés d'or, avec des sacs de mil par centaines, une canne en or et beaucoup de femmes puis lui dit :
– Rentre en paix chez toi et jouis de la vie ! Quant à ton frère stupide, on verra si Dieu s'occupera de lui !

Les deux frères s'apprêtaient à se séparer, l'un pour retourner au village avec sa fortune, l'autre pour continuer son voyage chez Dieu quand le premier s'adressa au second :

– Il me sera bien difficile de conduire ces richesses tout seul jusqu'à la maison de notre père. Aide-moi, je t'en prie, après quoi tu poursuivras ton voyage.

Le frère cadet y consentit et ils prirent la route du village. Quand ils furent bien loin, le Diable appela ses serviteurs et leur dit :

– Vite, rejoignez les deux hommes qui ont passé la nuit ici et tuez celui qui nie ma puissance.

– Et comment le reconnaîtrons-nous, Seigneur, demandèrent les émissaires ?

– Mon ami tient en main une canne en or. L'autre n'en a pas et c'est ce dernier qu'il faut abattre.

Or, dès que les deux voyageurs eurent quitté le palais mirifique, l'ami du Diable chargea son puîné de sa lourde canne en or, afin d'avoir les mains libres et le pas léger pour surveiller ses biens. Les envoyés du Diable arrivèrent, et avant même de dire bonjour, tombèrent à bras raccourcis sur celui qui n'avait pas de canne et le tuèrent. L'homme de Dieu prit la tête de la caravane et devint maître d'une immense richesse.

80 – POURQUOI LE SINGE RESSEMBLE A L'HOMME

Voici ce que les peuples d'Afrique du Sud racontent à leurs enfants pour les inciter à l'obéissance, à la patience et à la persévérance.

Au temps jadis, le Singe alla trouver Dieu et lui demanda à être comme l'homme. Dieu dit :
– D'accord. Mais es-tu prêt à demeurer 100 jours enfermé dans une case ?
– Oui, répondit le Singe.
– Vraiment, insista le Créateur ?
– Oui, vraiment, je le peux, je le jure !

Dieu l'enferma dans une case comme convenu. Au matin du 99è jour, le Singe regarda à travers un petit trou et aperçut des choses admirables : une belle lumière dorée, des branches qui se balancent, comme pour l'inviter à la fête, des pains-de-singe gros comme ça, tout pour exciter son envie de s'évader. Le Singe, d'un coup de fesses, défonça la porte et en deux temps trois mouvements, rejoignit le grand air des enfants de Dieu, pour vivre libre comme tout le monde.

C'est pourquoi il est resté à mi-chemin entre l'homme et la bête. Il lui a manqué une journée de maturation.

81 – LE MYTHE DU BONHEUR

Quand Dieu créa les hommes, il les dota du RIRE, mais donna le BONHEUR aux gens de sa propre maison. Les hommes dirent au BUVEUR :
– Toi, tu n'as ni peur, ni honte et tu veilles tard le soir. Va chez Dieu et rapporte-nous le BONHEUR.

Le BUVEUR vola le bonheur à la faveur de la nuit, mais dès qu'il le saisit, il devint tellement heureux qu'il se mit à pleurer. Les gens de la cour divine l'entendirent, le rattrapèrent aussitôt et lui retirèrent le BONHEUR. Quand Dieu se leva, il demanda :
– Qu'allons-nous faire pour que l'homme ne vienne plus voler le BONHEUR ?

Les gens de l'Est proposèrent :
– Cachons le BONHEUR derrière la lune !

Mais Dieu répondit :
– Non, l'homme montera et le trouvera !
– Alors, répliquèrent les gens de l'Ouest : dissimulons-le dans un buisson !

Mais Dieu répondit à nouveau :
– Jamais, car l'homme ira à la chasse et le découvrira !

Ceux du Nord intervinrent et dirent :
– Cachons donc le BONHEUR au plus profond de la mer !
– Jamais de la vie, objecta Dieu, car tôt ou tard, l'homme ira en mer avec ses bateaux et ses filets et le pêchera !
– S'il en est ainsi, proposèrent les gens du Sud, enfouissons le BONHEUR au plus profond de la terre !

Mais Dieu leur rétorqua :

— Inutile, car un jour, il creusera son puits et le découvrira. Voici ce que je vais faire, je vais cacher le BONHEUR à un endroit où l'homme ne pensera pas à le chercher : au plus profond de lui-même, dans son coeur !

Depuis ce jour, l'homme escalade les cieux, dévale les collines, se promène sous terre, visite les mers, à la recherche d'une chose qui gît pourtant en lui.

82 – AYEZ PITIÉ DE DIEU !

Un pauvre gueux se rendait chaque jour à la porte du temple pour mendier. Il tenait toujours en main un carton qui portait cette inscription :
AYEZ PITIÉ DE MOI
Au début, les gens qui venaient prier au temple lui donnaient de temps en temps une pièce puis, bien vite, ils s'habituèrent au carton et à son porteur. Le mendiant souffrait de ne plus recevoir les sept ou huit pièces qui lui permettaient quotidiennement d'avoir ses beignets. Il eut alors une idée géniale et voici ce qu'il fit : Quand il revint le lendemain, il se tint de l'autre côté de la porte avec cet écriteau :
AYEZ PITIÉ DE DIEU
Maintenant, les grosses pièces résonnaient dans sa sébile et même, il n'était pas rare que l'une ou l'autre dame lui détachât un sourire bienveillant. L'homme était comblé, jusqu'au jour où, surpris par la fatigue, il s'endormit contre le portail et laissa tomber son carton. Chacun put lire ce qui était écrit au dos du carton : "AYEZ PITIÉ DE MOI". On y reconnut l'ancien mendiant et depuis ce jour, les fidèles croyants le remirent gentiment à la ration des sept ou huit pièces de l'ancien régime.

83 – OÙ ET COMMENT CHERCHER

Un père, en mourant, fit savoir à ses enfants quelque peu paresseux qu'il avait enfoui un trésor dans son champ mais ne savait plus où. Bien vite, les sept frères se mirent à tourner et à retourner le sol du domaine. Ils ne trouvèrent rien mais firent cette année-là une abondante récolte et doublèrent le nombre de leurs greniers.

L'année d'après, l'un des frères les convoqua et leur dit qu'il savait désormais où gisait le trésor paternel : "Au coin nord du champ sous un tamarinier. Le sol y a une couleur différente et dégage toujours une certaine chaleur, quelle que soit l'époque de l'année". Les frères se remirent à la besogne, décidés plus que jamais à s'approprier ce trésor qui devait mettre fin à leur misère. Ils creusèrent trois jours et trois nuits. Ils creusèrent de nouveau trois jours et trois nuits. Ils creusèrent, creusèrent encore et encore, mais en désespoir de cause.

Les murmures commençaient à monter contre le faux prophète lorsqu'un beau matin ils heurtèrent avec leurs pics, à vingt cordes de la surface de la terre, une tabatière en métal massif. Ils l'ouvrirent. Ce n'était pas le trésor mais la substance qui servait à produire tous les trésors.

84 – CHASSER L'ENNEMI OU L'AMADOUER ?

Tabga, le Sage de Nakalbo s'étonnait de voir les hommes et les femmes de son village faire la queue chaque soir d'hivernage pour s'acheter un mosquito. Ce produit qu'ils se procuraient à 25 francs pièce était brûlé la nuit dans les chambres et produisait une fumée malodorante qui avait la vertu de chasser les moustiques des cases. Tabga, lui, tenait un autre raisonnement :
— Au lieu d'une rondelle de mosquito, je préfère acheter une calebassée de *dolo*. Quoi qu'il en soit et quel que soit leur nombre, les moustiques ne pourront jamais extirper de mon corps l'équivalent de 25 francs de bière de mil. Au lieu d'investir contre les moustiques, je préfère investir pour mon ventre. Plutôt que d'acheter de la fumée, je trouve plus avantageux d'acheter du "sang". Plutôt que de chasser l'ennemi, je préfère l'amadouer.

Et il mettait ses 25 francs dans le *dolo*.

85 – L'ART DE SE PAYER DE MOTS

Deux paysans se disputent. Le ton monte mais, Dieu merci, les voisins les entendent et viennent les séparer avant qu'ils n'en arrivent aux mains. L'un des querelleurs, toujours rempli de colère, lance une dernière injure à son adversaire avant de battre en retraite :
– Tu n'es qu'un vaurien, avec ton front d'âne !
Sur le chemin qui le mène à sa maison, l'homme qui a été ainsi humilié rencontre une ânesse et son petit. Il observe le front de l'ânesse : rien de disproportionné ni de risible à son sens. Il regarde celui de l'ânon : une laideur, une espèce de petite marmite renversée qui vous agresse par sa proéminence. Sur ces entrefaites, le voilà qui rebrousse chemin jusqu'à la demeure de son adversaire pour lui dire deux mots :
– Tout à l'heure quand tu m'insultais, tu as dit front d'âne ou front d'ânon ?
– Je dis que tu n'es qu'un vaurien avec ton front d'âne. C'est mon opinion et je la maintiens.
– Heureusement que tu n'as pas dit "front d'ânon", sinon je t'aurais montré de quel bois je me chauffe !

86 – QUAND LA FOI DEVIENT CULTURE

Les gens de la ville ont l'habitude de s'embrasser le soir avant d'aller au lit, ce qui n'est pas du tout la pratique au village. Glwadys, la petite lycéenne l'ignorait-elle ? Toujours est-il qu'un soir de vacances au village, elle alla taper des mains devant la porte de son vieux grand-père Georges et dit :
– Grand-père, je viens vous saluer avant de dormir.
Et l'autre de lui répondre, de l'intérieur :
– C'est Dieu qu'on salue avant de dormir !

87 – LA RICHESSE EST DANS TON SAC !

Les peuples de la forêt racontent souvent cette histoire à leurs enfants pour leur faire savoir que le bien que l'homme cherche gît souvent à portée de la main et qu'il n'a pas besoin de parcourir des kilomètres pour aller le chercher.

Un riche Achanti[6] de Koumassi va vendre ses marchandises à Accra et s'en retourne par le train. A la première gare, un jeune homme sobrement vêtu et l'air un peu drôle monte et s'installe à côté de lui. Le commerçant pensa :
– Ce garçon est peut-être un voleur. De quoi aurai-je l'air s'il venait à me voler mon argent ? Je n'ai même pas pris le soin de le compter !
Sur ce remords, il sortit les liasses, les compta devant le jeune homme puis les replaça dans son sac sous son siège. La conversation s'engage entre les deux voyageurs : on se présente, on parle de la rareté des pluies, du chômage, de la mévente du cacao et de tant d'autres sujets dignes des rencontres de ce genre. Bien vite, le commerçant décide, sans doute par tactique, de faire du jeune homme son ami et l'envoie acheter des arachides à la prochaine gare. Il sort alors les liasses d'argent de son sac et les place dans celui de son jeune compagnon. Celui-ci ne se doute de rien à son retour et ils partagent ensemble les arachides avec un appétit de nouveaux amis. A la troisième gare, l'homme riche confie ses affaires à son

---

[6] Population occupant le centre du Ghana.

compagnon et descend lui-même pour acheter des oranges. Quand il revient, le jeune homme, après avoir fouillé vainement le sac de son compagnon, lui demande, étonné :

— Tonton, tu dois être un véritable magicien. Où a disparu l'argent qui était dans ton sac ?

Et l'autre de lui dire, le sourire en coin :

— Si c'est mon argent que tu cherches, il est dans ton sac. C'est là que je l'ai placé. La richesse est dans ton sac.

Confus et se voyant démasqué, le voleur courut se jeter par la porte sans plus demander son reste.

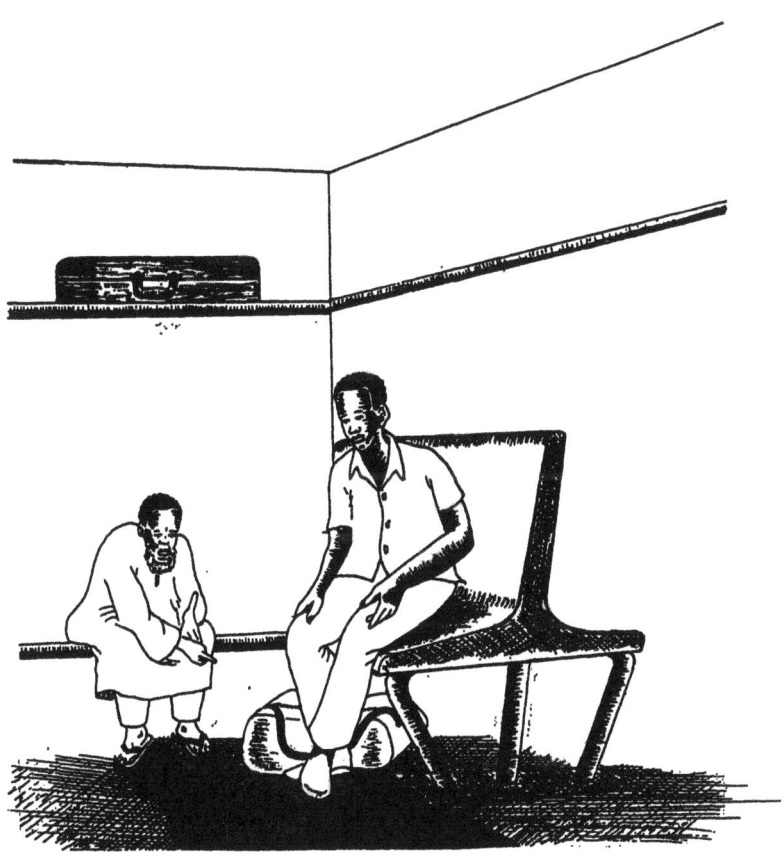

88 – POURQUOI LE CHEF NE SE RETOURNE JAMAIS

Dieu vint un jour chez les hommes et leur dit :
— Je donnerai ma fille en mariage à celui d'entre vous qui se révélera le meilleur cultivateur. Bien plus, je le ferai roi pour qu'il règne sur les autres hommes.

Le lendemain, il fit sortir sa charrue et son âne et le concours commença. Le champ de Dieu était vaste, très vaste, comme d'ici à Bakou. Le premier prétendant arriva avec des muscles gros comme ça et il saisit l'attelage. Tout de suite, il fit voir de quoi il était capable : des sillons profonds et bien droits qui laissaient percevoir l'excitation d'un rival déterminé. Il fit tant et si bien que la corde de son pantalon se rompit. Il se retourna pour la ramasser puis revint continuer le labour.

Le second rival était encore plus déterminé car, en un clin d'oeil, il avait fait le double du premier, sans transpirer le moins du monde, ni manifester le moindre signe de fatigue. Mais quand le soleil commença à chauffer, il s'aperçut qu'il avait oublié son chapeau au point de départ et s'en retourna pour le chercher, puis revint continuer la preuve qu'il y avait des muscles dans ses bras.

Le rival suivant surpassa tous les autres. Lorsqu'il arriva, il demanda que Dieu détachât l'âne et qu'il le laissât pousser la charrue de ses seules forces. Cela fut fait et il cultiva comme jamais personne ne le fit encore sur terre, renversant les buissons et les souches, déterrant les pierres, humiliant tout obstacle sur son passage. Il dut s'arrêter juste un moment, le temps de se retourner pour écouter un bruit insolite qu'il entendait derrière lui, puis se remit tout de suite à la tâche. Il en vint ainsi beaucoup de prétendants : des jeunes et des vieux, des grands et des petits, des ronds et des pas minces, chacun décidé à réaliser la meilleure performance et mériter la fille de Dieu.

Il en arriva enfin un qui ne payait pas de mine et qui s'attela aussi à la charrue pour tenter sa chance. Malheureusement, il ne tarda pas à faire un faux pas, tomba et tout le monde se mit à rire. L'homme se releva courageusement et sans se retourner pour voir dans quel état étaient ses vêtements ou s'il avait perdu quelque objet dans son élan manqué, il poursuivit imperturbablement sa besogne. C'est à cet homme que Dieu donna sa fille lorsqu'il fit l'évaluation du travail le soir venu. Quand les autres rivaux protestèrent, il leur dit tout simplement ces mots :

– Celui qui met la main à la charrue et qui regarde en arrière n'est pas digne de moi.

C'est aussi à cet homme qu'il confia, le premier, la responsabilité de devenir roi. Ce sont les descendants de cet homme qui sont devenus les chefs que nous connaissons aujourd'hui. Et c'est pourquoi les chefs ne se retournent jamais pour regarder en arrière.

89 – LE PRIMITIF, LE PLUMITIF ET LE MYSTIQUE

Quand le gouverneur de la province convoqua les hommes et les femmes de sa contrée pour qu'ils s'expliquent sur la disparition de la mare, le Plumitif ou l'homme de la plume se leva et accusa le Primitif d'avoir déboisé la région et provoqué par conséquent l'assèchement du sol et du sous-sol.

Le Primitif évoqua la disparition des caïmans de la mare qui, pour lui, constitue la véritable cause de la disparition de l'eau.

Le Mystique se tint droit comme un bâton et, les mains levées au ciel, rendit grâce au Créateur pour la disparition des arbres et des caïmans.

90 – LES QUATRE RACES D'HOMMES ET LEUR ORIGINE

Après que Dieu eut créé le monde, qu'il eut séparé le feu et l'eau, qu'il eut assigné une place au vent et aux nuages, après qu'il eut installé les hommes sur la terre ferme, il envoya un ange demander à ceux-ci s'il faisait bon vivre au Ciel ou sur Terre. Le premier homme que l'ange trouva lui dit :
– C'est sur Terre qu'il fait bon vivre, assurément !
C'était un homme riche qui comptait uniquement sur ses richesses. Seuls les biens matériels et leurs avantages l'intéressaient. La religion et la morale n'avaient aucun prix à ses yeux et il préférait tout miser sur les valeurs d'ici-bas, tant pis pour ce qui adviendrait dans l'autre monde. C'est pourquoi il répondit sans trembler : "La vie sur Terre est préférable à la vie au Ciel".
Il fut l'Ancêtre des Matérialistes.

La seconde personne que l'ange rencontra lui répondit :
– Il est préférable de vivre au Ciel, cela ne fait aucun doute !
Cet homme était un croyant. Il connaît des épreuves dans sa vie d'homme mais ne se décourage jamais, puisqu'il n'attend pas grand-chose de ce bas-monde. Il tient bon dans sa foi car il espère une vie meilleure dans l'au-delà. C'est pourquoi il affirme sans hésiter que la vie au Ciel est de loin préférable à celle de la Terre.
Il fut l'Ancêtre des Idéalistes.

L'ange rencontra une troisième personne, la salua et lui posa la question divine :
— Selon vous, fait-il bon vivre au Ciel ou sur Terre ?
— Il ne fait bon vivre ni au Ciel, ni sur Terre, répondit l'homme. Aucun de ces lieux n'est agréable.

C'était un pauvre. Cet homme passait sa vie à mendier sur les chemins et à se nourrir des miettes que les autres hommes voulaient bien lui laisser. Dans sa misère extrême, il avait fini par se révolter contre le ciel et ne croyait plus ni à Dieu, ni à Diable.

Il fut l'Ancêtre des Athées.

La quatrième personne que l'ange rencontra s'appelait Kis-Wend-Sida, c'est-à-dire, "Mets ta confiance en Dieu". L'envoyé céleste lui demanda :
— A ton avis, où fait-il bon vivre, au Ciel ou sur Terre ?

L'homme répondit :
— Il fait bon vivre au Ciel, il fait bon vivre également sur Terre. Au Ciel c'est bon parce que c'est la maison de Dieu et des Ancêtres. Sur Terre aussi c'est bon parce que tout ce que Dieu donne à l'homme est bon s'il sait l'utiliser. Dieu ne veut pas le malheur de l'homme.

C'était un Sage. Dans la pauvreté comme dans l'abondance, dans l'échec comme dans le succès, dans les joies comme dans les peines, il s'était toujours exercé à mettre sa confiance en Dieu, convaincu que la richesse comme la pauvreté sont des moyens et qu'elles n'ont de sens que dans leur référence ultime à Dieu ; bien plus, que richesse et pauvreté sont des dons de Dieu et que l'essentiel est de savoir les accueillir et les utiliser. Kis-Wend-Sçda n'a donc pas peur, ni de ce qui pourrait lui arriver aujourd'hui en ce bas-monde, ni de ce qui pourrait lui advenir demain dans l'au-delà. Voilà pourquoi sa réponse est ferme et sans équivoque : "Il fait bon vivre, et au Ciel, et sur Terre !"

Il fut l'Ancêtre des Sages et des Optimistes.

91 – QU'EST-CE QUE LA THÉOLOGIE ?

– Mon Père, est-ce que je peux encore devenir prêtre, moi qui suis marié ?
– La théologie n'a pas prévu ça.
– Est-ce que je peux communier pour un absent ?
– La théologie ne dit pas ça.
– Est-ce que je peux faire des libations de *dolo* au Christ ?
– La théologie condamne ça.
– Est-ce que mon fils pourra célébrer la messe avec du *bangui* quand il sera prêtre ?
– La théologie rejette ça.
– Est-ce que ma nièce peut se présenter au séminaire pour devenir prêtre ?
– La théologie s'occupe de choses plus sérieuses que ça.
– Mon Père, qu'est-ce que la théologie ?

92 – LA MORT, UN MOUSTIQUE PARTOUT PRÉSENT

Le maître d'initiation instruisait les initiés en ces termes :
– Il y avait une fois, dans un village, un homme qui vivait malheureux parce qu'il n'aimait pas les moustiques. Il entreprit alors d'échapper à leur pouvoir tyrannique par tous les moyens. Il commença par abandonner sa chambre pour aller dormir sur la terrasse de sa maison. A peine avait-il étendu sa natte qu'il entendit les *wêee* d'un premier moustique, puis d'un second.

Découragé, il descendit dans la case aux meules, pensant que les moustiques épargnaient ce lieu inhabité, mais dès qu'il y mit les pieds, il s'aperçut que les moustiques y avait organisé un concert au cours duquel *moustiquets* et *moustiquettes* devaient être initiés à la "technique de l'atterrissage en douceur". L'homme rebroussa chemin mais ne se tint pas pour battu.

Il rejoignit sa chambre, disposa un gros tronc d'arbre sur sa natte pour simuler sa présence, le coiffa de son chapeau, lui donna pieds et mains, puis alla se tapir sur un chiffon à l'autre coin de la maison. Les moustiques le rejoignent et lui disent :
– Désolés de vous déranger, mais vous avez oublié de mettre du sang à votre frère !

L'homme rejoignit son lit dans un large sourire, adopta les moustiques, et depuis ce jour, vécut heureux.

Quand le Maître eut fini son instruction, les initiés lui demandèrent de leur parler de la mort et le Maître, tout étonné, leur répéta la même leçon.

93 – COMMENT L'IDÉE D'UN SAUVEUR EST NÉE

Quand Adam eut mangé le fruit défendu, Dieu lui demanda :
– Adam, qui t'a dit de manger le fruit défendu ?
Il répondit :
– C'est ma femme.
Dieu, en bon pédagogue et croyant bien faire pour amener Adam à une qualité d'obéissance plus grande, appela Eve et lui dit :
– Eve, dis donc à Adam de monter sur le pommier et de tomber.
La femme dit à son époux :
– Chéri, monte sur le pommier et tombe.
Adam obéit, monta sur l'arbre, tomba de tout son long et son nez devint plat comme une cuillère. Dieu frémit d'émotion à la pensée qu'il pouvait mourir sans baptême. Il dit :
– Comme c'est malheureux ! A cause d'une pomme, l'homme est devenu une poire et il risque fort d'y avoir beaucoup de pépins avec cette nouvelle manière d'obéir. Qui enverrai-je pour lui éviter de se casser le nez et lui réapprendre à obéir ?

94 – TOUTE QUESTION PORTE UNE RÉPONSE SUR SON DOS

Chacune des questions de nos vies comporte en elle-même une réponse mais écrite dans un langage étrange, une langue étrangère.

Un homme avait décidé de se donner la mort parce que, chaque jour, sa femme le couvrait de honte. Cette créature n'avait cessé de voler depuis quarante ans qu'ils étaient mariés et partout où le pauvre homme passait, des doigts pointaient pour dire : "Voici le mari de la voleuse qui passe ; quelle honte que cette famille !" L'homme en voyait ainsi chaque jour des vertes et des pas mûres. C'est pourquoi il décida de se soustraire à la vie en se donnant la mort. Mais avant de s'exécuter, il voulut interroger l'Etre invisible qui le suit. Il prit alors une ardoise et écrivit ces mots qu'il tendit vers le ciel :
– Que faire de ma femme qui V O L E ?
Une main invisible écrivit :
– L O V E !
Il tourna l'ardoise et posa une seconde question :
– Mon existence n'est-elle pas V I L E ?
Et la main coucha en dessous :
– L I V E !

Et quand vint le moment où tous les humains quittent ce bas-monde pour s'en retourner d'où ils sont venus, il prit de nouveau son petit rectangle noir pour questionner le Firmament :

— Dois-je lui pardonner, avec cette vie dure qu'elle me MENA ?
Et la main répondit :
— AMEN !

95 – QU'EST-CE QUE LA SAINTETÉ ?

Une femme volait beaucoup. 30 fois par semaine. Bijoux, argent, vaisselle, vêtements, mil et jusqu'aux poussins, au sel et au piment, tout était objet de convoitise pour elle et elle mettait tout en oeuvre pour parvenir à la réalisation de ses bas instincts.

Quand elle se convertit au christianisme, elle fit tous les efforts du monde pour abandonner cette habitude peu louable mais sans grand succès. Néanmoins, elle ne volait plus que 29 fois par semaine. Devant ce résultat médiocre, elle se promit de mieux faire et se donna 10 ans pour quitter son vice. 10 années passèrent et la brave femme volait toujours : 20 fois par semaine. Elle trouva le record encore élevé et repartit pour un nouvel effort de 10 ans, avec la ferme résolution de tuer le mal à sa racine. Mais l'habitude n'est-elle pas ce qu'il y a de plus difficile à déraciner dans nos vies ? Toujours est-il qu'après ce laps, le mal était terrassé mais non encore vaincu : la femme volait encore 10 fois par semaine. Sans se décourager elle résolut pour la dernière fois de supprimer le vol de sa vie et engagea un nouvel effort de conversion. 10 autres années passèrent qui lui apportèrent quelques consolations mais non encore la victoire puisque chaque semaine elle retombait 5 fois encore dans les pièges de ses vieux démons. Il fallait maintenant en finir. La femme se leva comme un homme, banda ses efforts, rassembla toutes ses énergies et tout son courage et programma la victoire définitive dans 10 ans, mais la nouvelle décennie n'amena qu'une demi-victoire, car la femme était à un forfait de deux vols par semaine. Devant cette victoire qui recule toujours comme un horizon insaisissable, le découragement commença à mordre son âme : "A quand la victoire et pour combien de temps ? A quoi bon tous ces efforts et cette lutte interminable ? Une vieille personne comme moi peut-elle encore changer ? Le chemin déjà parcouru n'est-il pas largement suffisant ?" Mais finalement elle se dit : "Ce serait tout de même dommage d'abandonner à un pas de la victoire. Je vais essayer de franchir la distance qui reste". Elle se leva et partit pour une nouvelle vie de conversion, mais le soir même, en montant dans un grenier pour voler du mil, elle tomba la tête la première et trouva la mort.

Quand elle arriva au ciel, le souverain juge déclara :
– Cette femme se serait probablement convertie entièrement si la mort ne l'avait pas surprise, mais qu'importe ? Je lui pardonne ses deux vols par semaine, car je ne regarde pas d'abord les péchés mais l'effort pour quitter le péché. Dans un certain sens, le saint, ce n'est pas celui qui ne commet pas de péché mais celui qui fait l'effort de le quitter.

Et on l'introduisit dans la demeure des Justes.

96 – UN CONSEIL POUR L'AN 3000

Vous devez écrire un conseil en un mot qu'on enfermerait dans un coffre qui serait enfoui dans un endroit sûr, à l'intention des hommes qui vivront sur cette Terre en l'an 3000.
Quel mot écririez-vous ?

97 – POURQUOI LE POISSON VIT DANS L'EAU

Autrefois, le Poisson vit un trou et voulut y entrer mais le Serpent lui dit :
– N'y entre pas, c'est mon trou.
Il aperçut une motte de terre et tenta de se loger dans les interstices mais le Termite lui dit :
– Descends vite, c'est ma demeure.
Il découvrit ensuite un arbre et s'exclama :
– Enfin un abri pour vivre tranquille et élever mes enfants !
Mais l'oiseau de là-haut lui dit :
– Détrompe-toi, cet arbre est mien et je n'entends pas m'en déposséder. Néanmoins, je consens à te faire un peu de place dans les racines. Va t'y loger mais prends garde de monter jusqu'au feuillage, car j'y vis avec ma femme et mes enfants.
Le Poisson hésita puis se dit :
– Il y a suffisamment d'espace sur la terre pour qu'on se dispute la même place.
Et il alla se jeter dans l'eau, à ses risques et périls, car tous avaient peur de cette chose étendue et informe.

98 – METTRE DIEU AU DÉFI, POURQUOI PAS ?

Une femme de moeurs plutôt légères est en train de tromper son mari sur leur lit conjugal. Le mari entre soudain et les surprend. L'amant, tremblant, ne sait que dire pour sauver sa vie. Il bredouille :
– Je sais que Dieu est tout-puissant mais aujourd'hui, il ne pourra pas empêcher que je fasse dans ma culotte ...
Le cocu se met à rire comme un bossu et le trompeur en profite pour disparaître.

99 – LE SECRET DU CAMÉLÉON

Au commencement du temps, Dieu appela les animaux et leur dit :
– Voici le BONHEUR, je vous le donne !
Les animaux remercièrent Dieu et amenèrent le BONHEUR dans leur village pour l'apprivoiser et pour qu'il reste avec eux. Un soir, pendant que tous dormaient, le Nouveau Venu se leva et se mit à fuir. Le Caméléon réveillé en sursaut se mit à sa poursuite mais ne put l'atteindre car dans sa peur d'être rattrapé, le BONHEUR se transforma en petits morceaux et se cacha dans les éléments de la nature : les arbres, les pierres, l'eau, l'air...
– Où est le BONHEUR, demandèrent les autres animaux à leur réveil ?
Le Caméléon leur dit, tanguant d'avant en arrière puis de gauche à droite :
– Tout près, tout près,
et il devint vert comme la courge sur laquelle il se tenait. Il avança d'un pas, recommença le même balancement en disant :
– Tout près, tout près,
et devint jaune comme la fleur à côté de lui. Un autre pas lui fit reprendre le même mouvement, toujours scandé par les mêmes paroles :
– Tout près, tout près,
et il devint blanc, pareil au nuage qui passait au-dessus de lui.

Les autres bêtes ne le crurent pas et se mirent chacune à la recherche du BONHEUR. Et depuis, le Lièvre le cherche DEVANT, en courant ; le Scarabée DERRIERE, en marchant à reculons ; l'Ecrevisse à DROITE puis à GAUCHE, et l'Epervier de plus en plus HAUT. Mais le Caméléon ne cesse de leur dire : "Tout près, tout près", comme si ses mille couleurs en étaient la preuve et son pas lent le moyen.

100 – DES YEUX POUR RECONNAÎTRE LA RICHESSE

Pendant que Moustafa égrenait son chapelet, assis au bord de son lit, une perdrix que des chasseurs étaient en train de poursuivre vint chercher refuge dans sa chambre. L'oiseau se posa sur la table de nuit, glissa ensuite sous le lit et alla se cacher dans la douche. Le saint homme continua sa méditation, imperturbable, tout plongé qu'il était dans les hauteurs de la mystique. Quand il eut fini son office, il se dirigea tout droit dans sa douche pour capturer ce qu'il croyait être son déjeuner mais ne trouva point de perdrix. L'oiseau avait eu le temps de reprendre du souffle et avait continué sa course par l'aération de la douche. Plus tard, quand le musulman rencontra Allah dans une vision, il lui fit ses reproches :

– Voilà près de cinquante ans que je vous demande une seule chose : la richesse. Mais je garde la douloureuse impression que plus je crie vers vous et moins vous m'écoutez, puisque me voilà plus pauvre qu'au temps de ma jeunesse. Dites-moi s'il y a une faute morale de ma part ou si tel est votre dessein sur moi.

Après avoir bien ri, Allah lui dit :

– Tu veux la richesse ? Mais je te l'ai envoyée il y a quelques jours et tu n'en as pas voulu ! Qu'est-ce qui t'empêchait de fermer tout de suite les ouvertures de la chambre et de capturer cette richesse ? Qu'est-ce qui t'empêchait de quitter la grâce pour recevoir la grâce ?

– Vous voulez parler de la perdrix de l'autre jour ?

– Bien naturellement ! Elle portait dans ses tripes un gros morceau d'or que tu allais pouvoir vendre et devenir le plus riche de la région !

A ces mots, le saint homme se mit à se mordre les doigts et ne sut plus que dire. Depuis ce jour, il résolut de demander à Dieu, non plus la richesse, mais des yeux pour la reconnaître.

TABLE ANALYTIQUE

Les références renvoient aux numéros des méditations

A
Abnégation : 10, 23
Action : 31
Adoption : 57
Altruisme : 57
Amitié : 30
Amour : 9, 10, 15, 21, 25, 35, 77, 94
Antiquité : 58
Apparence : 13, 44, 59, 82, 85
Ascèse : 8, 10
Astuce : 23
Athéisme : 49, 58, 64, 90 (cf. religion)
Au-delà : 20, 25, 28, 31, 39, 49, 52, 54, 61, 72, 76, 90, 95
Audace : 28, 38 (cf. risque)
Aumône : 40, 82
Avarice : 39

B
Beauté : 35
Bonheur : 5, 7, 9, 12, 13, 22, 26, 35, 37, 46, 61, 62, 71, 72, 73, 77, 79, 81, 90, 92, 99

C
Cache : 2, 3, 27, 37, 64, 81, 82, 94, 99, 100
Célibat : 91
Chance : 71
Ciel : 20, 25, 28, 31, 52, 54, 61, 72, 76, 90, 95 (cf. au-delà)

Cloche : 25
Coeur : 3, 13, 15, 37, 43, 44, 52, 73, 81, 83, 87, 95, 99
Collaboration : 6, 38
Communauté : 76 (cf. société)
Compagnie : 43, 60
Compréhension : 45, 48, 84, 92, 100
Concession : 60
Conciliation : 45, 51, 52, 53, 68, 84, 92, 94
Conditionnement : 76
Confession : 66
Confiance : 6, 88, 90 (cf. providence)
Conflit : 26, 60, 78, 97 (cf. difficulté)
Contemplation : 48
Contentement : 11, 16, 19, 22, 26, 46, 56, 65, 71
Conversion : 29, 30, 36, 45, 49, 55, 80, 95
Corps : 26, 71
Correction : 55
Courage : 83
Création : 3, 4, 5, 9, 12, 15, 17, 26, 29, 30, 32, 35, 37, 45, 46, 47, 50, 56, 57, 62, 63, 65, 71, 72, 75, 80, 81, 90, 93, 99

D

Découragement : 94
Défi : 7, 98
Désert : 27
Désobéissance : 93
Détachement : 75, 89, 90, 97
Diable : 30, 35, 79
Dialogue : 60
Différence : 1, 76
Difficulté : 43, 44, 50, 53, 55, 89, 94, 98
Discrétion : 23, 75
Divorce : 62
Don : 33, 39, 75
Douleur : 16, 22
Doute : 35

E
Education : 8, 16, 76, 80 (cf. pédagogie)
Effort : 95 (cf. courage)
Egalité : 21, 26, 60
Egoïsme : 26, 39, 41, 42, 57, 97
Eloignement : 7, 44
Enfer : 20, 25, 28, 66 (cf. au-delà)
Entente : 60
Espérance : 28, 36, 38, 43, 47, 50, 72, 74, 83, 88, 98
Eucharistie : 69, 91
Evolution : 3, 4, 15, 35, 37, 45, 46, 50, 58, 63
Exclusion : 36
Exemple : 8, 54, 75
Exigence : 9

F
Faim : 30, 38, 65
Famille : 26, 57, 60, 62, 63, 65, 71, 77, 94, 98
Fatalité : 56, 61, 79, 92
Faute : 5, 7, 9, 12, 26, 30, 32, 35, 37, 46, 47, 49, 63, 79, 80, 81, 89, 93, 99 (cf. péché)
Femme : 22, 63, 91, 93, 95, 98
Foi : 28, 38, 40, 64, 74, 88 (cf. religion)
Folie : 49
Formalisme : 39, 69, 74, 100

G
Géant : 21
Gourmandise : 66
Grâce : 6, 19, 65, 100
Gris-gris : 49, 66
Guérison : 36, 47
Guerre : 35

H
Habitude : 2, 9, 18, 82, 95
Haine : 21, 66

Héritage : 41
Hésitation : 88
Histoire : 72, 96
Honneur : 67
Honte : 94
Humilité : 35, 60
Humour : 55, 98

I
Idéal : 96
Idéalisme : 90
Ignorance : 11
Impatience : 22, 37, 47
Imperfection : 3, 4, 11, 15, 45, 47, 50, 56, 57, 65, 71, 80, 81
Inconvénient : 19
Inculturation : 86, 91
Inégalité : 65
Inimitié : 84, 92
Injustice : 65
Insatisfaction : 11, 16, 19, 22, 26, 46, 65, 71, 80, 81
Interdit : 4, 22, 36, 93
Interrogation : 8
Intolérance : 78
Irréductibilité : 70, 92

J
Jalousie : 41, 60, 70
Jésus : 34, 93
Jeu : 7, 23, 32, 35
Joie : 9, 20
Jugement : 36, 39
Justesse : 26
Justice : 1, 26

L
Lenteur : 30, 99
Libation : 91

Liberté : 17, 49
Lumière : 27, 43, 58, 73

M
Maîtrise : 40
Mal : 6, 11, 46
Maladie : 22, 66
Malchance : 61, 71
Malheur : 9, 12, 53, 72
Mariage : 19, 62, 63
Matérialisme : 90
Maternité : 77
Médisance : 56
Menace : 70
Mendicité : 82
Merci : 89
Mérite : 6
Merveille : 11
Mesure : 68
Métier : 29 (cf. vocation)
Misère : 72 (cf. pauvreté)
Miséricorde : 7, 20, 95
Modernité : 58, 62
Mort : 4, 22, 29, 40, 49, 53, 56, 68, 70, 92, 94, 95
Mystère : 1, 8, 70
Mystique : 10, 59, 89

N
Nain : 21
Nature : 64
Non-violence : 45, 84, 92
Nourriture : 37
Nouvelle-année : 75

O
Obéissance : 80
Ombre : 45

Omniprésence : 2, 27, 45, 64, 92, 99
Optimisme : 36, 38, 40, 43, 50, 53, 72, 74, 88, 89, 90, 94, 98
Orgueil : 12, 35, 42, 49, 56, 60, 70

P
Païen : 64, 69, 74
Paix : 60, 78, 97
Pardon : 25, 28, 66, 72, 94
Parent : 57, 77
Parole : 68
Partage : 26, 57, 66
Partie : 24
Pastorale : 44, 54, 66, 74, 78
Paternité : 77
Patience : 55, 80, 95
Pauvreté : 57, 65, 82, 90 (cf. misère)
Péché : 36, 66, 72, 95 (cf. faute)
Pédagogie (cf. éducation) : 23, 55, 93
Pèlerinage : 2, 27, 99
Pénitence : 66
Perfection : 42
Persévérance : 70, 80, 83, 95
Personne : 24, 49, 70, 82
Pessimisme : 50
Peur : 5, 40, 45, 88
Plaisir : 23
Planning familial : 57
Pluie : 20
Polygamie : 57
Postérité : 96
Pouvoir : 70, 79, 88
Prédication : 44
Présent : 40, 99
Prière : 10, 14, 19, 31, 33, 40, 44, 48, 86, 89, 100
Providence : 79, 83
Proximité : 2, 5, 6, 7, 15, 23, 27, 29, 32, 35, 37, 47, 50, 55, 57, 65, 71, 72, 77, 79, 80, 81, 88, 90, 93, 98, 99

Puissance : 30, 38, 79, 98
Pureté : 69

Q
Quête : 2, 7, 27, 37, 43, 47, 52, 56, 58, 68, 81, 82, 83, 87, 99, 100

R
Rancune : 66
Réconciliation : 60
Recul : 88
Religion : 10, 32, 34, 40, 48, 69, 72, 74, 76, 78, 82, 89, 90, 91, 95, 100
Remède : 56, 65
Remords : 30
Renoncement : 45
Répétition : 8
Respect : 30, 60
Responsabilité : 56, 57, 88
Résurrection : 10, 24
Richesse : 40, 57, 73, 79, 83, 87, 90, 97, 100
Rire : 13, 50, 81
Risque : 32, 77, 88, 97, 98 (cf. audace)
Ruse : 45, 55, 84

S
Sabbat : 15
Sacerdoce : 91
Sacrement : 66, 69, 91
Sacrifice : 66, 75, 77
Sagesse : 8, 27, 40, 45, 51, 52, 54, 58, 59, 64, 68, 73, 79, 83, 84, 89, 90, 97, 99
Sainteté : 42, 66, 95
Salut : 6, 7, 10, 23, 36, 72, 93
Santé : 77
Science : 16, 49, 89
Secret : 16

Sécurité : 39
Service : 35, 66, 71
Sexualité : 66, 98
Silence : 68
Simplicité : 64
Société : 71
Solidarité : 42, 57, 71
Solitude : 71
Sollicitude : 3, 4, 14, 15, 17, 20, 22, 23, 28, 30, 31, 35, 36, 37, 38, 43, 49, 55, 61, 63, 71, 72, 79, 90, 93, 98
Solution : 94
Sommeil : 99
Sort : 65, 81
Sottise : 41, 42, 45, 48, 67, 69, 78, 79, 85, 93, 100
Souffrance : 77
Suppression : 45, 49

T
Témoignage : 44
Temps : 33, 51
Tentation : 35, 46, 72, 79, 80
Théologie : 91
Théorie : 54
Tolérance : 55
Totalité : 24
Trahison : 30
Travail : 30, 33, 75, 83

U
Union : 9, 18, 22, 24, 49
Unité : 35

V
Valeur : 96
Vengeance : 25
Vérité : 16
Vertu : 9, 19, 39, 52, 54, 73, 83

Vice : 18, 20, 28, 45, 56, 95
Vie : 29, 34
Vocation : 29, 34, 88 (cf. métier)
Voisinage : 55
Vol : 39, 94, 95
Vue : 3, 100

Table des matières

Dieu-justice ou la justice de Dieu selon le lièvre............	11
L'homme qui cherchait Dieu..	13
Le troisième œil...	15
La sollicitude divine selon les Bozo.....................................	17
L'origine de la peur...	18
AiderDdieu ou la spiritualité de la canepetière	19
Le jeu à cache-cache...	20
Le véritable maître	22
L'origine du soleil	24
M, comme mystique..	26
Une merveille qui s'ignore	28
Pourquoi l'homme est resté petit	31
Le bonheur dedans et le bonheur des dents	32
Dieu écoute tous ses enfants..	34
L'origine du sabbat	35
Qui augmente sa science augmente sa douleur	37
Le mythe de la liberté...	39
L'homme et ses habitudes	41
La grâce porte des épines	43
L'origine de la pluie..	46
Le village des nains et des géants	48
Il a inventé la douleur, car éternel est son amour.........	50
Le plaisir de Dieu...	52

Le secret pour ressusciter les morts	53
L'origine de la cloche	54
Dieu-justesse ou la justice de Dieu selon l'oreille	57
L'homme qui voulait voir Dieu	58
Dieu a un faible pour ceux qui pardonnent	61
Que signifie vivre ou l'origine des premiers métiers	63
La toute-puissance de Dieu ou pourquoi la guêpe-maçonne a une taille fine	65
Les chemins vers Dieu	68
Qu'est-ce que la religion	69
La spiritualité du petit scarabée	70
La vocation de Jésus selon les pygmées	72
L'origine de la guerre	73
Poubelle pour qui ?	76
La cachette de la divinité	77
Fais ton possible, Dieu fera le reste	79
Qu'est-ce que voler ?	81
La peur tue plus que la mort	83
Avec l'homme, on n'a pas fini de rire	84
La sainteté, un chemin ou une destination ?	85
Les deux buveurs dans la caverne	87
Approchez Dieu !	89
Les deux races d'hommes	91
L'origine de l'écho	93
L'impatience de l'homme	95
Une religion peut en cacher une autre	97
L'origine de la folie	99
Dieu n'est pas sérieux	102
Ô temps, ne suspens pas ton vol !	103
Un puits pour monter au ciel ou la spiritualité du fou	105
La théologie de la récupération	106
Jeter du grain, non sonner des cloches ou la pastorale des grands maîtres	107
Un Dieu malin ou la pédagogie divine	109
Le remède contre la mort	111
La paternité responsable	113
Vive le progrès !	115

Où tous s'arrêtent, le mystique va plus loin	116
La leçon des verbes	118
Un bonheur pour les malchanceux ?	120
Le drame de l'Adam moderne	123
Dieu aime les femmes	124
Théologie d'un non-théologien ou la foi d'un païen	126
Tout remède est gros d'un nouveau mal	128
Ne frappez plus Dieu	131
Ces étiquettes auxquelles nous tenons ou l'origine du chapeau	132
Trop loin à l'est, c'est l'ouest	134
Au nom de ma religion !	137
L'irréductibilité de l'homme	138
Deux créatures chanceuses ou malchanceuses ?	140
Histoire de salut	143
Le secret du coeur de l'homme	144
Le tam-tam sent la foi ?	146
Un sacrifice exemplaire	148
Je vois le monde comme je suis	149
La paternité et la maternité véritables ou l'origine de la pomme d'Adam	151
Qu'est-ce que la paix ?	153
Le Diable plus puissant que Dieu ?	154
Pourquoi le singe ressemble à l'homme	156
Le mythe du bonheur	158
Ayez pitié de Dieu !	160
Où et comment chercher	162
Chasser l'ennemi ou l'amadouer ?	164
L'art de se payer de mots	165
Quand la foi devient culture	167
La richesse est dans ton sac !	168
Pourquoi le chef ne se retourne jamais	170
Le primitif, le plumitif et le mystique	172
Les quatre races d'hommes et leur origine	173
Qu'est-ce que la théologie ?	176
La mort, un moustique partout présent	177
Comment l'idée d'un sauveur est née	179

Toute question porte une réponse sur son dos 180
Qu'est-ce que la sainteté ? 182
Un conseil pour l'an 3000 184
Pourquoi le poisson vit dans l'eau 185
Mettre Dieu au défi, pourquoi pas ? 186
Le secret du caméléon 187
Des yeux pour reconnaître la richesse 189

Table analytique 191

Collection *La Légende des Mondes*
dirigée par Maguy Albet, Denis Rolland,
Martine Michon et Alliette Sallée.

Dernières parutions

André Voisin, *Contes et légendes du Sahara*, 1995.
Lahssen Eoukich, *Au-delà des remparts de Fèz*, 1995.
Penda Soumaré, *La femme sorcière*, 1996.
Penda Soumaré, *l'arbre et l'enfant*, 1996.
Bodo Ravololomanga, *Le lac bleu et autres contes de Madagascar* ; contes bilingues malgache-français, 1996.
Jean-Claude Renoux (dir), *Saint-Gilles à contes découvert*, 1996.
Dominique Aguessy, *La Maison aux sept portes*, 1996.
Hamou Belhalfaoui, *Contes au petit frère*, 1996.
Mariana Cojan-Negulesco, *Contes des Carpates, histoires roumaines*, bilingue roumain-français, 1996.
Elba Este-Clauteaux, *Panton Pata Pémonton - Histoires de la terre des hommes, contes des indiens Pémon*, bilingue espagnol-français, 1997.
Michèle Bayar, *Le coureur d'étoile*, 1997.
Jean-Claude Renoux, *La folle de l'impasse du Teilh, contes bilingues français-provençal et autres contes noirs (en français) de Provence et du Languedoc*, 1997.
A. Said, *Demi-coq et compagnie, contes tunisiens*, 1997.
Edouard Gasarabwe, *Soirée d'autrefois avec les Batwa du Rwanda. Routi et Migogo*, 1997.
Edouard Gasarabwe, *Soirée d'autrefois au Rwanda. La colline des femmes*, 1997.
Didier Lemaire, *Contes et récits métissés de Guyane*, 1998.
Najet Mahmoud, *Contes du Grand Sud tunisien*, 1998.
Catherine Fourgeau, *Mami Wata et autres contes pour aujourd'hui*, 1998.
Clémente Mamani Laruta, *Parlanaka, contes et légendes aymaras des hauts plateaux boliviens*, 1998.
Zoé Valassi, Anna Angelopoulou, Claire Monférier, *Le petit paon et la pièce d'or et autres contes grecs* (bilingue français-grec), 1999.
Najet Mahmoud, *Le Jardin aux Marabouts et autres contes du Grand Sud tunisien*, 1999.

Collection *La Légende des Mondes*

Déjà parus

Albakaye Ousmane KOUNTA :
Contes de Tombouctou et du Macina, Tome 1, 1987.
Contes de Tombouctou et du Macina, Tome 2, 1989.
JEANNE DELAIS, *Les mille et un rires de Dj'ha*, 1986.
SAHYKOD, *Lundja, contes du Maghreb*, 1987.
Solange THIERRY, *De la rizière à la forêt. Contes Khmers*, 1988.
Gérard MEYER, *Paroles du soir, contes toucouleurs*, 1988.
Alphonse LEGUIL, *Contes berbères de l'Atlas de Marrakech*, 1988.
Edouard GASARABWE, *Contes du Rwanda. Soirées au pays des mille collines*, 1988.
Assadulah et Layla RAID, *Demain vient le printemps et je ne le verrai pas. Contes d'Afghanistan*, 1988.
Gilles ZENOU, *Le livre des dupes, contes d'Orient et d'ailleurs*, 1989.
Kama KAMANDA, *Les contes des veillées africaines*, 1989.
Praline GAY-PARA, *La planteuse de cumin*, 1990.
Michèle VAN HEE, *Contes blancs d'Afrique noire*, 1990.
Christiane ACHOUR, *Contes algériens*, 1990.
Edouard Gasarabwe, *Kibiribiri l'oiseau de pluie, contes du Rwanda*, 1991.
S. KLEDA, *La sorcière et son fils, contes toupouri du Cameroun*, 1991.
Paul DEL PERUGIA, *Contes de la lumière et du gel, Islande*, 1991.
Jeanne BENGUIGUI, *Contes de Sidi Bel Abbès*, 1993.
P. JOMNI-AMIEL (Traduits et commentés par), *Proverbes tunisiens*, 1993.
Boubacar DIALLO, *Le Totem, recueil de contes du Burkina Faso)*, *1993.*
Lucia POPOVA, *L'Aurore boréale. Récits et poèmes d'écrivains sibériens contemporains*, 1993.
Dominique AGUESSY, *Les chemins de la sagesse. Contes et légendes du Sénégal et du Bénin*, 1993.
Daniel BOURSIER, *"Depuis ce jour-là..." Contes des Pygmées Baka du Sud-Est Cameroun* (contes bilingues français-baka), 1994.
M. CISSÉ, *Contes wolof modernes* (bilingues wolof-français), 1994.
J-Claude RENOUX, *Le mulet Maladrech et autres contes provençaux*, 1994.
Dominique AGUESSY, *Le caméléon bavard. Contes et légendes du Sénégal et du Bénin*, 1994
Noureddine ABA, *La ville séparée par le fleuve. Contes*, 1994.
Salim HATUBOU, *Contes et légendes des îles Comores*, 1994.

608837 - Mai 2015
Achevé d'imprimer par